Andrea Di Nicola
Giampaolo Musumeci

BEKENNTNISSE EINES MENSCHENHÄNDLERS

Das Milliardengeschäft mit den Flüchtlingen

Aus dem Italienischen von
Christine Ammann

Verlag Antje Kunstmann

Für Ettore und Leonardo, die ankamen,
als wir an diesem Buch arbeiteten.

INHALT

Anmerkung der Autoren

In diesem Buch finden Sie die Bekenntnisse der Männer, die die illegale Einwanderung kontrollieren. Wir haben für unsere Recherchen die wichtigsten Orte des Schleusergeschäfts aufgesucht, doch viele der Hauptpersonen, die in diesem Buch vorkommen und mit denen wir, ob im Gefängnis oder während ihrer Schleusertätigkeit, gesprochen haben, wollten nur unter der Bedingung etwas erzählen, dass wir sie nicht fotografieren oder filmen und ihre wahre Identität verschleiern. In einigen Fällen durften wir Tonaufnahmen der Gespräche machen. Für alle genannten Personen hat bis zu einer rechtskräftigen Verurteilung die Unschuldsvermutung zu gelten.

ÜBER DIESES BUCH

Der Hafen von Turgutreis, Landkreis Bodrum, im Südwesten der Türkei. Es ist 9.30 Uhr, ein Tag im Mai 2010. Am Boulevard Gazi Mustafa Kemal, Nummer 26, befindet sich das Büro der Segel- und Motorjachtvermietung »Argolis Yacht Ltd«. Auf dem Schreibtisch liegen heute die Papiere für die Bavaria 42 Cruiser: Der dreizehn Meter lange Einmaster fährt unter griechischer Flagge und ist unweit von hier an der Mole vertäut.

Ein Mann um die vierzig mit wettergegerbtem Gesicht, mit kräftigen Armen und festem Händedruck betritt das Büro. Er legt Pass und Bootsführerschein vor, um den Vertrag abzuschließen. Er ist Skipper. Giorgi Dvali, Georgier, geboren in Poti. Seit Jahren arbeitet er für Touristen an der türkischen Küste, organisiert Mittelmeerkreuzfahrten. Die Georgier gelten, wie die Ukrainer, dank ihrer langen Seefahrertradition als hervorragende Segler. Schon seit Jahrhunderten bringen die Schwarzmeerhäfen erfahrene Seeleute hervor. Dvali erklärt der Angestellten, sein nächster Kunde sei eine amerikanische Familie aus Seattle: ein Ehepaar, zwei erwachsene Kinder, die ein paar Wochen zwischen der türkischen Küste und den griechischen Inseln herumschippern wollen, eine *mavi yolculuk*, eine »blaue Reise« genießen, wie die Fischer hier sagen. Für einen

Seemann wie ihn ein alltäglicher Törn: wunderschön und für die Touristen mit Sicherheit ein Erlebnis.

Miete und Versicherungsgebühr zahlt Dvali in bar. Kurze Zeit später steht er schon auf der Mole und betrachtet prüfend das Schiff. Neben ihm liegen traditionelle türkische Gulets vertäut, gebaut in den Häfen von Bodrum und Marmaris, und Segeljachten von fünfzehn bis zwanzig Meter Länge. Ein einziges Kommen und Gehen: Skipper, englische und deutsche Touristen, einige Griechen – eine babylonische Sprachverwirrung. Dvali schaut sich um, inspiziert den Rumpf und geht dann an Bord, um zu überprüfen, ob unter Deck alles in Ordnung ist: drei voll ausgestattete Kabinen, sechs Betten insgesamt, eine geräumige Kombüse und zwei Bäder. Die Innenräume elegant, holzvertäfelt. Das Boot ist höchstens fünf Jahre alt, fast wie neu. Auf dem Gebrauchtmarkt würde man für so was 120.000 bis 130.000 Euro zahlen. Übermorgen wird er mit der ersten Morgendämmerung in See stechen.

Dvali gibt seine Route sofort in das Navigationsgerät ein, er will sichergehen, dass es funktioniert: Breitengrad 40.1479, Längengrad 17.972. Von April bis September kreuzen Hunderte von Schiffen wie die Bavaria 42 zwischen der Türkei und den griechischen Inseln und weiter westlich bis zur italienischen Küste: zwischen Korfu und Vieste, Kreta und Kalabrien, Antalya und Santa Maria di Leuca. Lange Segeltörns, fernab von den überfüllten Stränden. Tourismus für Auserwählte.

Sechs Tage später ist das Boot früh morgens im offenen Meer vor Porto Selvaggio, Provinz Lecce. Der Motor tuckert, mit sieben Knoten kämpft es sich durch die Wellen. Das Land ist nur noch zehn Seemeilen entfernt. Ein Schiff der Küstenwache, vom Zoll, legt bei: eine Routinekontrolle wie viele andere an diesem Tag. Das Seefahrtbuch ist in Ordnung, Dvali scheint ein erfahrener Seemann zu sein. Die Beamten gehen an Bord. Doch da wird der Mann nervös. Als sie ihn nach den Passagieren fragen, antwortet er, er begleite eine amerikanische Familie auf Mittelmeerurlaub. Sie würde noch schlafen, er wolle nicht stören. Obwohl Dvali fließend Englisch spricht, stammelt er. Vor allem aber weckt sein Blick, der mehrmals zur geschlossenen Kabinentür geht, den Verdacht der Beamten. Sie beschließen, genauer hinzuschauen. Unter Deck finden sie keine Segelliebhaber aus Amerika. Kein Ehepaar mit erwachsenen Kindern. Als die uniformierten Männer ihre Nase ins Innere stecken, schlägt ihnen scharfer Schweißgestank entgegen: Unter Deck drängen sich vierzig afghanische Männer zwischen sechzehn und zweiunddreißig Jahren. Alle aus der Provinz Herat. Sie blicken verwirrt, viele sind seekrank. Sie sind über die Türkei gekommen: von Istanbul, dem großen Verschiebebahnhof für Flüchtlinge aus aller Welt, über Izmir weiter nach Bodrum, wo sie Dvali getroffen haben. Einmal auf See, ist die Route nach Italien einfach. Das Ziel: die apulische Küste.

Giorgi Dvali heißt in Wahrheit anders. Aber die Ermittler, die mit seinem Fall befasst waren und uns davon erzählen, wollen seinen wirklichen Namen nicht nennen. Er ist ein Schleuser. Listen- und kenntnisreich. Um die Grenzen des alten Kontinents zu überwinden und die internationale Polizei zu umgehen, die die illegale Einwanderung bekämpft, arbeitet Dvali mit dem neuesten Trick. Er greift zu einem neuen, kräftigen Brecheisen, um in die »Festung Europa« vorzudringen: zu einer neuen List, die inzwischen nicht nur im Mittelmeer, sondern auch am Ärmelkanal verbreitet ist, weil die luxuriösen Motor- und Segeljachten von den Grenzbeamten kaum beachtet werden. Man versteckt die Flüchtlinge einfach unter Deck, damit sie nicht zu sehen sind, wenn Flugzeuge oder Hubschrauber das Meer überfliegen. Das einzige Anzeichen, die Achillesferse, ist der größere Tiefgang der Boote, die nur für zehn Personen ausgelegt sind, aber jetzt vier- oder fünfmal so viele beherbergen.

Manchmal werden die Boote gekauft, manchmal geklaut und manchmal, wie bei Dvali, mit falschen Papieren und falscher Identität gemietet und nicht zurückgegeben, wie uns die Staatsanwälte erläutern, die dem Phänomen seit einiger Zeit nachgehen. 1000 bis 4000 Euro zahlen die jungen Afghanen oder Pakistani für die Überfahrt. Man legt in Antalya, Izmir oder Tekirdağ ab und tuckert dann mit ungefähr acht Knoten, fünfzehn Stundenkilometern, übers Meer. Die Bootsfahrt nach Italien dauert fünf bis sieben Tage. Mit einer Motorjacht geht es schneller, sie fährt mit circa fünfundzwanzig Knoten übers Meer. Alternativ bieten sich auch superschnelle Hochleistungsschlauchboote an, die heutzutage von Griechenland, von Lefkada, Korfu oder Igoumenitsa aus starten – weil die Kontrollen in Albanien mittlerweile verschärft wurden. Mit ihren siebzig bis achtzig Knoten schießen sie pfeilschnell übers Wasser, die Überfahrt dauert höchstens fünf Stunden, aber die Küstenwache fängt sie auch leichter ab.

An jenem Tag im Mai meinte es das Schicksal nicht gut mit unserem Kapitän. Bei den Kontrollen, dem reinsten Glücksspiel, erwischte es ausgerechnet seine Bavaria 42. Jetzt sitzt er im Gefängnis. Vier Jahre hat er wegen Begünstigung illegaler

Einwanderung bekommen, während die Jacht, wie Dutzend andere, beschlagnahmt im Hafen von Lecce liegt.

Cataldo Motta, Leiter der Staatsanwaltschaft in Lecce, und sein Stellvertreter Guglielmo Cataldi sind Antimafia-Staatsanwälte. In den letzten zwanzig Jahren ermittelten sie gegen die apulische Mafia »Sacra corona unita«, kämpften erst gegen Zigaretten- und Drogenschmuggel und später gegen den von Männern und Frauen. Früher lag der Menschenschmuggel noch in der Hand der albanischen Mafia, heute in der von türkischen, afghanischen, pakistanischen, iranischen und griechischen Schleuserbanden. Der Fall Bavaria 42 fällt in ihre Zuständigkeit, ebenso wie die Operation »Ropax« von 2011, mit der es den Antimafia-Bezirksdirektionen in Bologna und Lecce, von der nationalen Antimafia-Direktion koordiniert, gelang, einen großen Schleuserring zu zerschlagen, der afghanische, pakistanische und iranische Flüchtlinge über Griechenland und die Türkei in die EU schmuggelte. Es gab zwei Routen: Die einen Flüchtlinge wurden nach Ägypten gebracht und nahmen von dort Kurs auf Sizilien, die anderen reisten von der Türkei über Griechenland oder direkt nach Italien. Der Fall Bavaria 42 und die Operation »Ropax« können vielleicht eine kleine Vorstellung davon geben, wie fachmännisch, flexibel und geschäftstüchtig die kriminellen Herrschaften vorgehen: Sie reagieren prompt auf Maßnahmen und Gegenmaßnahmen der Ordnungsmächte und entwickeln fortlaufend neue Methoden, um Flüchtlinge erfolgreich nach Europa zu bringen.

Die Tricks der Branche

Mauern, Patrouillen, versperrte Routen: All das vermag nichts gegen das System der Einschleusung von Flüchtlingen* auszurichten. Nichts gegen die immer raffinierteren kriminellen Organisationen, die dahinterstecken und von enormem Geschäftssinn getrieben sind: Denn ihre schärfsten Waffen heißen Kreativität und Klugheit, ihre eigentliche Stärke ist Anpassungsfähigkeit in jeder Situation. Es handelt sich um Kriminelle, ja, aber auch um Geschäftsleute. Warum sie ins Geschäft einsteigen, kann verschiedene Gründe haben: weil sie nahe einer Grenze leben oder erfahrene Seeleute sind. Aber sie gehen alle nach einem System vor, das sich als äußerst widerstandsfähig selbst gegen ausgefeilteste Ermittlungsmethoden erweist: Sie bilden ein Netzwerk, ja, aber ein hochflexibles, das wenig mit dem monolithischen Modell der organisierten Kriminalität wie Mafia oder 'ndrangheta zu tun hat.

Ihr Geschäft beruht auf Vertrauen und dem gegebenen

* Aus Gründen der Einfachheit werden in diesem Buch über das Schleuser-/Schmugglerwesen die Begriffe Flüchtling und illegaler Einwanderer synonym verwendet. Hierbei ist jedoch festzuhalten, dass die Schleuser unterschiedliche »Kunden« haben: Einwanderer ohne jede Einreiseberechtigung (illegale Einwanderer), Ausländer, für deren Einreise zunächst legitime Voraussetzungen vorliegen, bei denen aber die notwendigen Bedingungen für einen dauerhaften Aufenthalt in Europa später entfallen (irreguläre Einwanderer), oder auch Einwanderer, die nach ihrer Ankunft Asyl bzw. die Anerkennung als Flüchtling oder einen anderen internationalen Schutzstatus beantragen können.

Wort. Und strukturiert sich dabei blitzschnell neu: Ist das eine Netzwerk aufgeflogen, bildet sich auf der Stelle ein neues. Ein kriminelles Netzwerk von außergewöhnlicher Flexibilität. Ein fähiger Schleuser* kann einfach jede Grenze überwinden: Ist die Abmachung einmal getroffen und das Geld übergeben, hilft er dem Flüchtling, heimlich in das gewünschte Land zu kommen. Allerdings können die Methoden dabei höchst unterschiedlich und manchmal verblüffend sein, wie der Trick, den die Ordnungskräfte am Hafen von Bari aufgedeckt haben. Man stelle sich diese amerikanischen Fernsehsendungen vor, in denen versponnene Automechaniker alte Schrottkisten in hoch individuelle farbenfrohe Boliden verwandeln. So ähnlich gehen die Schleuser vor. Wenn die Fähren aus Griechenland anlegen und die Autos, Wohnmobile, Wohnwagen und Lkw aus dem Bauch der Fähre rollen, durchsuchen Zoll und Polizei die Fahrzeuge nach illegalen Einwanderern. Zu den beliebtesten Methoden der Schleuser gehören Aushöhlungen im Armaturenbrett oder im Fußraum. Allerdings wollen sie damit nicht ihr Auto verschönern und individueller gestalten, nein, sie verstecken darin Flüchtlinge und bringen sie über die Grenze. In

* Schleuser sind keine Menschenhändler im engeren Sinne. Menschenhändler im engeren Sinne sind Kriminelle, die andere durch Vortäuschung falscher Tatsachen oder gewaltsam in andere Länder locken, um sie dort auszubeuten. Wie etwa das organisierte Verbrechen in Nigeria, das das Geschäft mit der Prostitution kontrolliert. Aber es gibt zwischen Schleusern und Menschenhändlern zahlreiche Berührungspunkte und einen Graubereich, in denen sich beide kriminelle Spielarten mischen und überlagern. Wir möchten hier allerdings beide Bereiche getrennt halten.

einem Trojanischen Pferd modernen Zuschnitts. Der Flüchtling liegt möglicherweise ein wenig eng, aber die Methode ist todsicher – solange der Fahrer nicht nervös wird.

Man kann natürlich auch die Sitzbank aushöhlen und sämtliche Polster entfernen, sodass nur ein Gerippe übrig bleibt. Oder einen Lkw mit doppeltem Boden ausstatten oder, noch so eine Idee, so tun, als säße im Wohnmobil eine normale Urlauberfamilie. Der Kreativität der Schleuser sind keine Grenzen gesetzt. Sie nimmt mitunter geradezu theatralische Züge an: Heimatlose Flüchtlinge tarnen sich als fröhliche Familie auf Europareise. Da spielt sich etwa folgende Szene ab: Im abgeschotteten Hinterraum eines Internetcafés warten, ein wenig verschreckt, einige Afghanen, bewacht von zwei Mitgliedern der Organisation. Unter den Afghanen befinden sich ein Mann und eine Frau, beide um die fünfzig. Ein wenig abseits stehen noch zwei junge Männer um die zwanzig. Die Mitglieder der Organisation mustern die Gruppe streng wie bei einem Casting. Schließlich zeigen sie auf die vier und lassen sie vortreten. Ihr Ton lässt keine Widerrede zu. Wenig später erscheint einer von der Organisation mit Kleidung auf dem Arm, in passender Größe und westlichem Schnitt. Man schickt die vier zum Duschen, sie müssen sich kämmen und die ausgewählte Kleidung anziehen. Ein paar Stunden später sind sie kaum mehr wiederzuerkennen und wirken schon etwas weniger ängstlich. Die Schleuser schießen ein paar Fotos, im Passbildformat. Dann statten sie die vier mit Zugfahrkarten aus, in Richtung Norden, nach Frankreich. Man gibt ihnen neue Pässe, alle vier tragen darin denselben Nachnamen. Ein Mann und eine Frau mittleren Alters und ihre beiden Söhne: eine perfekte Familie auf Reisen.

Antonella Chiapparelli, Polizeioberrätin und Leiterin der Digos* in Frosinone, und ihrem Kollegen Paolo Patrizi, Polizeihauptmeister und stellvertretender Digos-Leiter, gelang es, einen riesigen Schleuserring aufzuspüren und zu sprengen. Während der Arbeit an unserem Buch trafen wir uns mit ihnen, weil wir etwas über die Flüchtlingsverstecke der Schleuser erfahren wollten, auf die die Polizei immer wieder stößt: »Aus Afghanistan fliehen die Leute in Massen: ein wahrer Exodus. Dafür braucht man die passenden Organisationsstrukturen: Häufig ist das ein Netz aus Telefoncafés. Wir haben in ihren Hinterräumen Kellerverstecke entdeckt. Dort erhalten die Flüchtlinge, frisch geduscht, Kleidung und neue Dokumente, mit denen man sie in Flugzeuge oder Züge setzt. Sie sollen sauber, ordentlich und unverdächtig erscheinen. Häufig reisen sie zu mehreren, sie wirken wie eine Familie oder eine Gruppe Freunde und fallen so weniger auf. Damit senkt man das Risiko und maximiert die Chance, den Zielort wirklich zu erreichen.«

Bekenntnisse eines Menschenhändlers

Dieses Buch erzählt, wie das Geschäft mit den Flüchtlingen funktioniert. Wer steckt dahinter? Wie und warum wird jemand Schleuser? Wie sind die Schleuserringe organisiert? Welche Routen werden bevorzugt und warum? Wie viel lassen sich Schleuser für ihre Arbeit bezahlen und in welcher Form? Wie

* Divisione Investigazioni Generali e Operazioni Speciali, auf Terror- und Extremismusbekämpfung spezialisierte Abteilung für allgemeine Ermittlungen und Sonderoperationen (A.d.Ü.)

vermeiden sie Kontrollen und Ermittlungen und schaffen es so, jahrelang unentdeckt zu bleiben? Wie »vernetzen« sie sich? Wie erfahren sie überhaupt, dass jemand nach Europa will?

All das können nur sie selbst erzählen. Die Schleuser, die Menschenhändler. Wir haben sie getroffen und zum Reden bewegt. Wir haben zugehört, ihre Geschichten, Verhaltensweisen und Arbeitsmethoden analysiert und versucht, zu verstehen, wie das kriminelle System dahinter funktioniert. In diesem Buch finden Sie die Bekenntnisse von großen und kleinen Schleusern. Die ganze Geschichte, von Anfang an und häufig bis zu dem Punkt, wo jemand Rechenschaft ablegt.

Josip Lončarić war einer der gerissensten Menschenhändler. Er ging der Polizei in Ljubljana ins Netz, doch die slowenischen Behörden entließen ihn schon nach wenigen Monaten aus der Untersuchungshaft, und er verschwand wieder im Nichts. Der gebürtige Kroate war ein Schleuserboss, Chef eines milliardenschweren Imperiums. Ungefähr 90 Prozent der Chinesen, die in den Neunzigerjahren nach Italien kamen, gingen – ebenso wie viele Flüchtlinge aus Bangladesch und den Philippinen – durch seine Hände. Seine Organisation, die weltweit zu den größten gehörte, führte er mit seiner Exfrau, einer jungen Chinesin, die hauptsächlich für die Auftragsakquise und Verwaltung der Gelder zuständig war. Das operative Reisegeschäft vergaben sie vielfach an kleine und mittlere Subunternehmer, an Kriminelle, die keine Skrupel kannten. Lončarić war »der wichtigste europäische Schleuserboss«, wie Federico Frezza, Staatsanwalt in Triest, sagt, der damals gegen illegale Einwanderung ermittelte und zu denen gehörte, mit denen Lončarić Katz und Maus spielte.

Eine andere Größe im Schleusergeschäft heißt Muammer Küçük. Seit Jahren ist der gebürtige Türke der unumstrittene Boss, wenn es um die illegale Einwanderung über das Mittelmeer geht. Ein Marketinggenie, dem es mit einer »Exzellenzinitiative« gelang, anderen beträchtliche Marktanteile abzujagen. Sein besonderes Angebot: Zahlung erst bei Erreichen des Zielorts. Er garantiert sicherere Überfahrten, stattet seine Mannschaft mit Seekarten und modernsten Handys aus und bietet verschiedene Anlaufstellen für die Ankömmlinge, die in andere Länder weiterreisen wollen. Die Idee mit den Jachten stammt von ihm.

Diese und viele andere große und kleine Schleuser von Osteuropa bis zu den Mittelmeerländern ermöglichten uns, in unserem Buch über eine Parallelwelt zu berichten, die bisher weitgehend unbekannt ist. Und eins steht dabei fest: Es wird Zeit, dass wir uns von der Vorstellung verabschieden, dass es sich bei Schleusern um kleine Gauner handelt, die sich auf die Schnelle ein paar Dollar verdienen wollen. Hinter der illegalen Einwanderung, hinter den Zehntausenden von Flüchtlingen, die Jahr für Jahr Europa erreichen, steckt nämlich in Wahrheit eine geschäftstüchtige Branche, zu der, ja, auch kleine Ganoven und manchmal bemitleidenswerte Gestalten gehören, aber vor allem mächtige Berufsverbrecher: Männer in Zweireihern, knallharte Geschäftsleute, deren weltweite Umsätze nur von denen aus dem Drogengeschäft übertroffen werden. Noch in den abgelegensten Gegenden der Welt sitzen ihre »Agenten«, wie die Flüchtlinge sie nennen, und arbeiten über ein gigantisches Netzwerk hervorragend zusammen: ein Netzwerk, das das Geschäft mit der illegalen Einwanderung organisiert.

Der kleine Schleuser, der die Flüchtlinge über das Mittelmeer bringt, ist nur die Spitze des Eisbergs. Manchmal ist er sogar selbst Flüchtling und stottert seine Schulden ab, indem er seine angeblichen Skipper-Fähigkeiten zu Markte trägt. Er mag wohl ein kleiner Ganove oder manchmal auch ein »mittelschwerer« Verbrecher sein. Doch hinter ihm verbirgt sich eine kriminelle Parallelwelt, über die endlich berichtet werden muss. Denn nur so können wir der politischen Instrumentalisierung des Phänomens entgegenwirken und unseren verengten Blickwinkel weiten, der die Meinungsbildung schon zu lange bestimmt. Vielleicht können wir dann endlich klarer sehen. Und verstehen, dass wir das Problem keineswegs lösen, wenn wir nur den jungen Schleuser verhaften: weil hinter ihm ein globales Netzwerk steht, das davon profitiert, dass Menschen in andere Länder wollen, die sie auf legalem Wege nicht erreichen. Hinter jedem Flüchtling, der in Italien oder einem anderen EU-Land ankommt, hinter jedem notleidenden Gesicht, das uns von den Titelseiten der Zeitungen entgegenblickt, steht ein reicher Geschäftsmann, der von ihm 1000 bis 10.000 Euro eingesackt hat.

Dieses Buch handelt von den größten und erbarmungslosesten »Reiseveranstaltern« der Welt.

ICH BIN MOSES

Der Schleuser aus Sibirien

Aleksandr ist Schleuser. Der Mann aus Sibirien hat lange für mächtige türkische Menschenhändler gearbeitet. Hellblaue Augen, schlauer Blick: Schon bei der ersten Begegnung merkt man, er ist ein charismatischer Typ. Wenn er redet, blickt er einen herausfordernd an. Die Kapitäne, die die Boote steuern, also die Drecksarbeit machen, sind für die Organisationen im Flüchtlingsgeschäft unverzichtbar. Aleksandr ist Kapitän. Und in dem System arbeiten Leute selbst über Tausende von Kilometern zusammen, vorausgesetzt natürlich, sie sind fähig und tüchtig. Wir unterhalten uns mit Aleksandr, weil wir wissen wollen, wie die Schleuser ihre Skipper rekrutieren, die neuen Fährmänner der Unterwelt, die für eine Handvoll Dollar alles riskieren. Er hat alles riskiert. Und in dem Job gibt es keinen besseren als ihn, behauptet er.

Ich bin in Sibirien geboren, in der Nähe von Irkutsk, 1971. Dort habe ich achtzehn Jahre gelebt, dann musste ich zum Militär. Da habe ich angefangen, in der Welt herumzureisen. Ich war fünfzehn Jahre in Wladiwostok, im äußersten Osten von Russland, gegenüber von Japan. Ich bin dort auf die Marineschule gegangen, Spezialfach Maschinenbau, habe mich aber von Anfang an für Segelschiffe interessiert. Als die Sowjetunion zusammenbrach, sind alle dem Kapitalismus hinterhergehechelt. Alle wollten das große Geld machen. Ich wollte lieber Skipper werden: Mit vierundzwanzig war ich schon Kapitän.

Der Staat war damals am Ende, nichts funktionierte mehr. Es gab keine Regeln, keine Polizei mehr, keinen Zoll. In Wladiwostok wimmelte es nur so vor Verbrechern, es war vielleicht die schlimmste Stadt der Ex-UdSSR. Hätte ich damals Geld scheffeln wollen, wäre ich heute ein toter Mann. In den Neunzigerjahren gab es dort eine Müllkippe, und direkt daneben war ein Automarkt, auf dem konnte man sich für ein paar Kröten ein japanisches Auto kaufen. Wenn da jemand mit dem Bargeld in der Tasche herumspazierte, mit 3000 oder 4000 Dollar, dann haben sie ihn ganz schnell kaltgemacht. Die Kippe ist heute ein riesiges Grab, wo Hunderte von Leuten liegen.

Ich habe das Segeln in Wladiwostok gelernt. Ich habe es gut gelernt, weil meine ersten Schiffe keinen Motor hatten. Ich war so geschickt, dass ich mit einem dreizehn Meter langen und acht Tonnen schweren Schiff sogar im Hafen herumsegeln konnte. Anfangs habe ich die Boote der Marineschule gefahren, dann kamen die Reichen, die neuen Kapitalisten. Das erste große Schiff, das ich gesteuert habe, gehörte einem Geschäftsmann.

Damals lief das so: Sobald einer Milliardär wurde, kaufte er sich eine Jacht. 1993 wurde der Rubel ja Monat für Monat weniger wert. Man musste das Geld auf der Stelle ausgeben, wenn man keine Verluste machen wollte. Das war der wilde Kapitalismus. Viele Leute besaßen plötzlich eine Jacht, mit der sie aber nie fuhren. Für die Reichen war die Jacht ein Statussymbol. Einmal hatte sogar ich eine echte Luxusjacht: Ihre Besitzer mussten vor der Polizei abhauen und hatten sich ins Ausland abgesetzt.

Ich habe in Südkorea gearbeitet. Da habe ich lange eine Ferretti 73 gefahren, dreiundzwanzig Meter lang. Ohne Crew. Wenn ich sie in den Hafen manövrierte und vertäute, haben die Leute applaudiert. Das Segeln war meine große Leidenschaft. Geld bedeutete mir wenig, ich hätte tausend Möglichkeiten gehabt, mir meinen Lebensunterhalt zu verdienen. Aber das Meer und dieses Leben, das war einfach das, was ich wollte.

Als dann Putin an die Macht kam, hat sich die Situation drastisch verändert: Es gab weniger Geld und weniger Arbeit. Ich bin nach Sibirien zurückgegangen, unter anderem, weil meine Mutter alt und kränklich war. Vor meiner Rückkehr war ich sogar kurz in Italien: Zwei Monate habe ich als Skipper in Viareggio gearbeitet.

Damals musste ich mir dann eine Arbeit übers Internet suchen. Ich habe ein paar Anzeigen ins Netz gestellt, ich wollte unbedingt wieder als Captain arbeiten. Ich hatte meine Anzeige auch an ein ukrainisches Portal weitergeleitet. Das war 2010. Und über das Portal habe ich kurz vor Weihnachten ein interessantes Jobangebot gekriegt. Man hat mich über Skype kontaktiert, und ich musste so etwas wie ein Einstellungsgespräch absolvieren. Frage und Antwort. Der Mann, mit dem ich gechattet habe, saß in der Ukraine. Später habe ich dann erfahren, dass er zu der Organisation gehörte, er war eine Art Wandschirm zwischen dem Organisator und dem Skipper. Der Skipper darf ja möglichst nichts über den anderen wissen. Weil dem

Boss dann nichts passieren kann, wenn Polizei und Staatsanwaltschaft das Boot hochnehmen. Die Organisatoren bleiben immer im Verborgenen.

Erst einmal wollten sie eine Kopie von meinem Pass. Ich habe sie per E-Mail geschickt: Sie hatten also meine Anschrift, mein Foto, alles. Nichts konnte ich vor ihnen geheim halten! Bei einem zweiten Gespräch haben sie mich dann mit Fragen bombardiert: Rauchst du? Nein, ich rauche nicht. Trinkst du? Nein, ich trinke nicht. Nimmst du Drogen? Wie ist dein Gesundheitszustand? Frage, Antwort, Frage, Antwort. Sie sind offen zu mir gewesen. Sie haben gesagt: »5000 Dollar für eine Fahrt.« Ich habe Ja gesagt. Einen Vorschuss habe ich nicht verlangt.

Nur den Hinflug bitte

Dann informiert mich der »Vermittler«, wieder über Skype, dass sie mir ein Flugticket von Sibirien nach Kiew zahlen. Ich frage: Warum gerade in die Ukraine? Er sagt, weil er dort sitzt und mich persönlich kennenlernen will. Außerdem, sagt er, soll ich noch ein zweites Mitglied für die Crew rekrutieren, einen Assistenten. Das geht okay für mich. Ich spreche einen Freund aus Nachodka in der Nähe von Wladiwostok an, mit dem mich ein unvergessliches Erlebnis verbindet: Wir haben einmal ein Segelboot auf drei lange Kufen montiert und sind mit 120 Stundenkilometern übers Eis gejagt! Er sagt sofort zu. Der Vermittler zahlt alle unsere Flüge. Ich bleibe mehrere Tage in der Ukraine; der Vermittler möchte eine vertrauensvolle Atmosphäre schaffen, seine Chefs wollen wissen, ob er wirklich den richtigen gefunden hat. Da geht es ums Geschäft. Der Vermittler spricht perfekt Russisch. Er ist Türke, aber spricht sehr gut Russisch, kennt unsere Kultur, sogar unsere Comics. Er ist mehr Russe als ich.

Er beruhigt mich. Ich solle mir keine Sorgen machen. Er spricht von zwei seetüchtigen Schiffen, das eine acht, das andere fünfzehn Meter lang. Von höchstens zehn Personen, die wir an Bord nehmen. Je mehr Fahrten ich mache, desto mehr würde dabei rausspringen. So funktioniert das. Der Vermittler ist um die vierzig, ein stämmiger Mann mit riesiger Wampe. Und einem hässlichen Gesicht, aber intelligentem Blick. Die Nase ist groß und krumm. Seine Haut olivfarben. Ich denke sofort, der ist ganz schön auf Zack. Am Ende waren wir beinahe Freunde. Ich habe sogar seinen wahren Namen erfahren, Ahmed. Er lebt nicht in der Türkei, weil ihn die Polizei dort im Visier hat. Er betritt sein Heimatland nur, wenn unbedingt nötig. Er ist untergetaucht. Habt ihr kapiert, wie die Sache läuft? Man verurteilt die Kapitäne, man verurteilt die Vermittler, aber die Organisatoren, die Bosse, die bleiben sauber.

Er gibt mir zu verstehen, dass ich das Wort »Organisator« nicht in den Mund nehmen darf. Er sagt: »Du fliegst nach Istanbul. Da kommt ›jemand‹ und gibt dir das Geld.« Wer, das sagt er nicht. Das habe ich erst später erfahren. Der Vermittler besorgt mir ein Ticket nach Istanbul, reserviert ein Hotelzimmer im Sultanahmet-Viertel, in der Nähe der Blauen Moschee. Wenn ich ankomme, wird mich jemand anrufen, sagte er. Auch mein russischer Freund ist schon im Hotel. Alles komplett bezahlt. An der Rezeption gebe ich meinen Pass ab, nenne meinen wirklichen Namen. Aber dann zieht sich die Sache hin: Ich bleibe mehrere Monate in Istanbul, ohne auch nur einmal zu fahren. Nach einer Weile schicke ich meinen Freund wieder nach Hause und rekrutiere zwei neue Crewmitglieder. Zwei Frauen: eine Freundin von mir und meine Verlobte. Aber noch immer passiert nichts. Nach ein paar Wochen schicke ich die Frauen auch zurück. Also, eigentlich sind wir quasi in Geiselhaft. Aber irgendwann kann ich die Leute beruhigen, ich würde das Boot trotzdem fahren, sage ich, alleine – und nur, wenn die Frauen wieder nach Hause können. Das hat dann geklappt.

Wenn ich frage, wann es endlich losgeht, sagt der Vermittler nur: »Morgen, morgen, morgen«, »in einer Woche vielleicht«, »Wir haben Probleme, weil gerade hundertzwanzig Leute ertrunken sind, die Polizei hat die Kontrollen verstärkt«. Dann fahre ich endlich nach Bodrum, dort kriege ich ein marodes Holzboot, noch dazu mit einem Motor, der nicht anspringt. Ein Scheißboot, sage ich. Als ich an Bord gehe, der nächste Schock, dabei habe ich in meinem Leben schon manchen alten Kahn gesehen! Der Vermittler sagt: »Wir nehmen fünfundsechzig Leute mit.« »Was?« Ich koche vor Wut. Und er: »Reg dich lieber über andere auf!« Ich sage, dass ich in dieses Wrack garantiert nicht einsteige. Sie müssen mindestens den Motor und die Geräte, GPS-Gerät und so, in Schuss bringen. Das ist Wahnsinn, sage ich, so viele Leute da reinzupferchen. Der reinste Wahnsinn. Glücklicherweise hört er auf mich. Also brauchen wir ein besseres Boot: noch mal zwei Monate Warten! Auf der Suche nach dem Boot fahre ich quer durch die Türkei. Die Tage vergehen, aber sie zahlen alles: Hotel, Verpflegung, Reisekosten. Dann finde ich endlich das passende Boot: neun Meter lang, 31.000 Euro. Kein Problem, sagen sie.

Ich fliege von Istanbul nach Marmaris. Eine Stunde Flug. Ich komme zum Hafen, gehe an Bord, fahre raus aufs Meer. Es ist sieben Uhr abends, irgendwann im April 2011. Ich nehme Kurs auf Griechenland.

Obwohl ich mich draußen auf dem Meer unglaublich frei fühle, bin ich eigentlich ihre Geisel. Ich habe das Boot auf meinen Namen gemietet, sie haben mich in der Hand. Ich bin entführt, ich stehe mit dem Rücken zur Wand: Wenn ich abhaue, zeigen sie mich wegen Diebstahl an. Sie verfolgen meinen Kurs genau, alle zwei Stunden muss ich meine Koordinaten durchgeben. Sie wollen alles wissen, die Leute von der Organisation. Lange Zeit ist die Fahrt schwierig. Es herrscht starker Wind, es stürmt. Weil das der Motor nicht durchhält, beschließe ich, näher an die Küste zu fahren. Sage und schreibe drei Mal muss ich den Anker werfen: eine siebzig Meter lange Metallkette mit großen Kettengliedern. Ich bin mutterseelenallein. Es ist eiskalt, der Wind peitscht übers Boot; wo ich hingucke, Wasser. Aber das Boot stoppt nicht. Erst beim dritten Versuch sitzt der Anker fest. Ich bin erschöpft, klettere unter Deck und versuche, ein paar Stunden zu schlafen. Mein Boot liegt nahe bei einer kleinen griechischen Insel, an den Namen erinnere ich mich nicht. Ich schließe die Augen und wache erst auf, als es hell wird: drohend über mir eine orthodoxe Kirche. Zeit, zu verschwinden.

Nach einer Woche und noch einem fürchterlichen Sturm erreiche ich Lefkada. Ich habe vielleicht zwei Nächte geschlafen, wenn überhaupt. Alle zwanzig Minuten musste ich den Horizont kontrollieren. Ich bleibe drei Tage auf der ionischen Insel. Über Western Union schickt mir der Organisator 2000 Euro. Davon kaufe ich ein Schlauchboot mit Motor, als Beiboot. Am Telefon krieg ich zu hören: »Wenn du nicht einunddreißig Leute mitnimmst, dann hast du ein echtes Problem.« Ich kenne ihren Plan nicht, ich weiß gar nichts. Er sagt mir, ich soll den Hafen von Lefkada verlassen und über Nacht an der Reede warten. Übermorgen würden sie mir sagen, wo ich die Kunden an Bord nehmen kann. Die Koordinaten, die sie mir geben, führen mich an eine felsige Küste. Kein Dorf, kein Hafen, kein gar nichts. Es ist Nacht, stockdunkel. Ich fahre näher heran, klebe fast an der Klippe, berühre schon die Felsen. Da kommen die Bastarde an Bord, wie Billardkugeln kullern sie blitzschnell unter Deck. Tum, tum, tum! Sie huschen vorbei, hören nicht auf meine Anweisungen, keiner von denen spricht Englisch. Schwupp, sind sie drin. Genau einunddreißig. Alles Männer. Die meisten jung, zwischen siebzehn und fünfundzwanzig. Afghanen und Iraker. Nur einer hat ein Handy. Vielleicht hält er den Kontakt mit den Chefs, aber das weiß ich nicht genau. Versteckt zwischen Büschen haben sie an den Felsen auf mich gewartet. Sie wollen nach Sizilien, aber ich setze mich durch: »Zu weit und zu gefährlich.« Ich nehme Kurs auf Apulien. Ich fahre mit vier Knoten, mit Segel und Motor.

Wir brauchen zwei Tage. Die Flüchtlinge bleiben unter Deck, der Schwerpunkt muss unter Wasser bleiben. Sie müssen da drinnen bleiben, und wenn sie kotzen. Wenn jemand an Deck kommt, laufen wir voll Wasser und krepieren. Ich kenne da keine Gnade, sie müssen die Klappe halten und auf mich hören. Noch nie hat sich ein Kapitän allein, ohne Crew, an diese Strecke gewagt. Nur ich. Kein Segelsportler, nicht einmal die vom America's Cup können es mit mir aufnehmen. Ich weiß, dass ich besser bin als alle anderen. Die Flüchtlinge fangen an, zu beten. Ich bin ihre einzige Hoffnung. Ich hätte auch einem von denen das Ruder in die Hand drücken, das Schlauchboot nehmen und umkehren können. Und sie ihrem Schicksal überlassen. Aber der Typ bin ich nicht, der das Leben von Menschen einfach aufs Spiel setzt. Das wäre ja ein Verbrechen. Ob es ein Verbrechen ist, wenn man die Leute einschleust? Für mich war Moses der erste Schleuser der Menschheitsgeschichte! Ich bin wie er. Ich bin Moses!

Als wir in italienischen Gewässern sind, schalte ich alle Lichter am Boot aus. Wir sind in Küstennähe. Absolute Stille, pechschwarze Nacht, es ist nichts zu hören als das Rauschen der Wellen und leises Motorbrummen. Doch dann drehe ich mich um und sehe direkt vor mir einen riesigen Drachenschädel: das Patrouillenboot vom Zoll, sie fahren auch ohne Beleuchtung. Schöne Scheiße. Ich stelle den Motor ab. Sie kommen näher. Ich schreie, dass mein Funkgerät nicht funktioniert. Sie sagen auf Englisch: »Bleiben Sie stehen, keine Bewegung!« Und ich: »Okay, okay.« Sie legen langsam bei. Und ich rege mich langsam, aber sicher auf. Der Steuermann ist der reinste Dilettant, so was von ungeschickt. Ich rufe rüber, er soll's sein lassen, ich komme ran. Sie befehlen mir, zu bleiben, wo ich bin. Keine Manöver! Sie kommen an Bord. Sie fragen, ob ich etwa keine Papiere habe. Ich sage, doch, doch, alles in Ordnung. Hätte ich so getan, als besäße ich keine Papiere, wäre ich auf der Stelle ein illegaler Flüchtling gewesen und nicht etwa als Schleuser verurteilt worden. Aber solche Spielchen sind nichts für mich. Ich bin ein Seewolf, ein Profi. Die Flüchtlinge haben echt Glück gehabt, sie haben Italien ja erreicht. Ein paar Monate vorher, im Januar, kurz nachdem ich in die Türkei geflogen war, sind hundertzwanzig Leute einschließlich Besatzung umgekommen. Das Boot gesunken. Alle ertrunken oder erfroren. Im Winter ist das Meer da eisig. Wäre ich der Kapitän gewesen, dann würden sie noch leben, so wie diese einunddreißig.

Sie haben mir vier Jahre und acht Monate aufgebrummt. Zwei Jahre muss ich noch absitzen.* Ich wiege heute fünfzehn Kilo weniger, habe Italienisch gelernt und eine Ausbildung als Buchhalter gemacht. Ich male. Viele sagen, ich hätte Talent. Gerade arbeite ich an einer zwei Mal ein Meter zwanzig großen Leinwand. Ich male die Richter Falcone und Borsellino. Ihr wisst schon, dieses berühmte Foto, wo sie die Köpfe zusammenstecken und lächeln. Ich bin der Erste, der ein Ölgemälde nach diesem Foto malt.

Kriminelle Reisebüros

Türken und Russen haben vieles gemeinsam. Der Organisator ist sogar einmal in Wladiwostok gewesen. Als ich das hörte, war mir schon klar, dass er da Kontakte zu Polizei, Gerichten, zu Geheimdiensten knüpfen wollte.

In den vielen Monaten, die ich in Istanbul warten musste, haben die von der Organisation wohl gemerkt, dass ich für alles tauge, dass ich vielseitig bin, ein heller Kopf. Sie wollten mich für andere Aufgaben einspannen. Aber mir immer nur ein paar Kröten geben. »Wir wollen, dass du nicht selbst fährst, du sollst

* Um die Identität von Aleksandr zu schützen, können wir nicht preisgeben, in welchem Gefängnis wir uns im Sommer 2013 mit ihm trafen.

die Fahrt organisieren.« Darum bin ich auch mit dem Organisator in Kontakt gekommen. Normalerweise läuft das nicht: Der Skipper und der Organisator lernen sich eigentlich nie kennen. Er hat dabei nur eine einzige Vorsichtsmaßnahme getroffen: Er hat sich jedes Mal mit anderem Namen vorgestellt. Sie wollten, dass ich da einsteige, aber ich wollte mein Geld nicht damit verdienen, Landsleute als Skipper anzuheuern und am Ende ins Gefängnis zu bringen. Das passte mir nicht. Sie hätten mir 1000 Euro dafür gegeben, dass meine Crew schließlich im Gefängnis landet. Der Typ bin ich nicht, das war nichts für mich.

Angeblich bin ich eine Gefahr für die Gesellschaft, weil ich dem Staatsanwalt, der mich verknackt hat, geschrieben habe, ich wäre wie Moses. Ich wollte mich eben selbst verteidigen. Zweimal habe ich der Staatsanwaltschaft geschrieben, wie es wirklich war. Auch an meine Botschaft habe ich mich gewendet, mögliche Zeugen, Adressen, Telefonnummern genannt. Es wurden internationale Ermittlungen aufgenommen. Aber mich hat man erst mal zu fast fünf Jahren verdonnert. Der Vermittler hatte mir sogar einen Anwalt geschickt. Ich kriegte einen Brief von ihm, in dem es hieß, meine Familie in der Ukraine hätte vorab meine Verteidigung bezahlt. Aber meine Familie lebt ja gar nicht da, sondern in Sibirien. Erst dachte ich, er hätte sich vertan, aber dann habe ich die Sache überprüft und bei meinen Leuten nachgefragt. Kein Mensch hat für mich gezahlt! Das waren die! Die Organisation ist an mir interessiert, weil sie meine Fähigkeiten in dem Geschäft brauchen können. Den Anwalt hab ich dann in die Wüste geschickt.

Das ist keine »organisierte« Kriminalität. Ich würde eher

sagen, das ist eine »verteilte« Kriminalität. Es gibt einen Mitarbeiter, noch einen und noch einen und so weiter. Der erste kennt den zweiten, aber der dritte kennt den ersten schon nicht mehr, versteht ihr? Nur wenige Mitarbeiter kennen den Organisator, und seinen wirklichen Namen kennt natürlich keiner. Eine Frage der Sicherheit – und eine Überlebensfrage für die Organisation. Die Kapitäne, die wissen so gut wie nichts. Das funktioniert ähnlich wie ein Social Network. Wie Facebook. Facebook für Schleuserringe. In Istanbul gibt es einen Agenten, der dort Flüchtlinge akquiriert, so wie ein Reisebüro. Flüchtlinge aus Afghanistan und dem Irak. Er ist nur für die Akquise auf dieser Etappe zuständig und bekommt nur dafür Geld. Dann gibt es einen, der sich um den Aufenthalt der Flüchtlinge in der Türkei und in Griechenland kümmert. Und wahrscheinlich wieder einen anderen, der den Weg nach Europa übernimmt, den ich aber noch nie gesehen habe. Es gibt viele, sehr viele. Das ist harte Konkurrenz. Der Organisator hat einmal gesagt, vor zwanzig Jahren, da wäre das Schleusergeschäft noch einfach gewesen. Damals gab es keine Konkurrenz. Alles lag in der Hand von ein oder zwei Familien. Aber als in Italien die Strafen für Schleuser verschärft wurden, ist der Ticketpreis sofort gestiegen. Und die Konkurrenz gewachsen. Das ist ein echter Markt, der nach den Gesetzen des Kapitalismus funktioniert. Wenn ihr wollt, dass keine Flüchtlinge mehr eingeschleust werden, dann müsst ihr denen das Geschäft kaputtmachen. Aber vor allem müsst ihr den Organisatoren, denen an der Spitze des Systems, einen ordentlichen Schlag versetzen.

Aleksandr weiß nicht, für wen er gearbeitet hat. Er kennt den Boss der Bosse nicht, den Geschäftsmann, der jede seiner Bewegungen aus der Ferne verfolgt hat. Er weiß nur, dass seine Kontaktleute Türken waren: mächtige, hochorganisierte Leute, deren Arm weit reichte. Würde Aleksandr den Namen kennen, dann würde er ihn sagen: ihn verzweifelt murmeln oder wütend herausschreien. Den Namen, der viele Jahre zuvor sogar von den Mauern eines italienischen Gefängnisses widerhallte. Den Namen, der immer mal wieder gemunkelt wurde, hinter vorgehaltener Hand. Doch der Name ist wie Nebeldunst. Lange Zeit gab es zu dem Namen des mächtigsten Menschenhändlers kein Gesicht. Weil sich der größte Schleuserboss, genauso wie Josip Lončarić, nicht schnappen lässt. Und sollte er doch einmal in die Fänge der Justiz geraten, macht er sich blitzschnell wieder davon und verschwindet im Nichts. Sein Name ist Muammer Küçük: der millionenschwere Schleuserboss.

DER MILLIONENSCHWERE SCHLEUSERBOSS

Ein Aktenkoffer voller Geld

Istanbul, das Viertel Beyazit. Ein Türke kurdischer Herkunft, er mag um die fünfzig sein, verlässt mit einem ledernen Aktenkoffer in der Hand ein heruntergekommenes Hotel. Es ist Ende Juni, ein brütendheißer Tag vor wenigen Jahren. Der Mann geht entschlossenen Schrittes. Er weiß, wohin er will. Beyazits pulsierendes Herz schlägt auf dem gleichnamigen Platz, einstmals das Zentrum der Stadt; in der Nähe liegt der Topkapi-Palast, der Sultanspalast aus byzantinischer Zeit: ein Wunderwerk der türkischen Hauptstadt mit gigantischem Ausblick auf Goldenes Horn und Marmarameer. Während der Mann entschlossen weitergeht, streift sein Blick viele Gesichter: europäische und orientalische – die Herkunft der olivfarbenen Gesichter, in denen sich die Seelen vieler Völker spiegeln, ist schwer zu bestimmen. Auf dem Platz hält er vor der großen Moschee einen Moment inne, dreht sich dann um und setzt seinen Weg fort. Durch ein Tor betritt er den Großen Basar und verschwindet darin, verschluckt von den Farben, Düften und Geräuschen des riesigen Marktes. Den Basar kennt der Mann gut, er schreitet durch überdachte Gassen und Gässchen, rechts herum, dann links, schließlich geradeaus und noch einmal nach rechts.

Dabei passiert er unzählige Geschäfte, die scheinbar alle gleich aussehen.

Jetzt hat er den Marktbereich mit den Juweliergeschäften erreicht. In den Schaufenstern große Ringe mit Smaragden und Rubinen, Halsketten mit riesigen Diamanten. Weiß und gelb glänzendes Gold, das in seiner Fülle geradezu blendet. Edelsteine in allen Größen und Formen. Der Mann bleibt vor einem Schaufenster stehen, das scheinbar aussieht wie alle anderen, nur dass dort alter osmanischer Schmuck ausliegt. Er betritt den Laden, wechselt ein paar höfliche Worte mit dem Juwelier, der ihn bereits erwartet, und übergibt ihm den Aktenkoffer.

In dem Koffer liegen 148.000 Dollar. Der Juwelier verschwindet in einem Hinterraum, legt das Geld in den Tresor. Dann kramt er einen Block hervor, mit zweigeteilten Blättern: die größere Blatthälfte ist für ihn, der kleinere Zettel wird abgetrennt. In ungelenker Schrift schreibt er auf beide Teile: »140.000« und einen Namen. Muhteşem Türk. Dann reißt er den Zettel ab und reicht ihn dem Mann. Die 148.000 Dollar, die der Mann gebracht hat, stammen von siebenunddreißig Ausländern in dem heruntergekommenen Hotel, aus dem der Mann auf die Straße getreten ist. Aber es ist nicht sein Geld. Er hat von jedem Ausländer schon 2000 Dollar erhalten, insgesamt 74.000. Seinen Anteil. Weil er dafür gesorgt hat, dass sie es aus Syrien, Afghanistan und Pakistan bis hierher geschafft haben und in Istanbul untergebracht sind, während sie auf ihre Weiterreise nach Italien warten. In dem ledernen Aktenkoffer liegen die zusätzlichen 4000 Dollar, die jeder der siebenunddreißig Leute an den Chef der Organisation zahlen muss, an Muhteşem Türk, den »großen Türken« oder »unglaublichen

Türken« – aber nur, wenn er die Elenden tatsächlich ans Ziel bringt. Muhteşem Türk ist ein Spitzname. Alle Kunden, Zulieferer und Mitarbeiter nennen ihn so. In der Türkei munkelt man, die italienische Polizei habe ihm den Namen angehängt, weil er so extrem schwer zu fassen ist und im Lauf der Jahre so unglaublich viele Flüchtlinge eingeschleust hat. Eigentlich heißt er Muammer Küçük. Wie es die Ironie des Schicksals will, bedeutet *küçük* klein.

Aber Küçük ist nicht klein, sondern groß. Mindestens so groß wie Josip Lončarić, wenn nicht noch größer. Küçük gehört zu den Menschenhändlern der neuen Generation. Zu denen, die nach dem Kroaten gekommen sind. Und für die der Kroate, Lončarić, das große Vorbild war. Küçük hat aus Fehlern gewisse Schlüsse gezogen, geerntet, was der Kroate gesät hat: Zehn Jahre lang war er der unumstrittene Schleuserboss, der den Menschenschmuggel über das Mittelmeer kontrollierte, mit Schwerpunkt Türkei.

Die Reise der siebenunddreißig Ausländer ist bis ins kleinste Detail vorbereitet. Der Weg führt übers Meer: Das passende Segelschiff hält der »Unglaubliche« schon bereit. Am folgenden Tag soll es losgehen. Mit Minibussen werden die Leute dann nach Sigacik gebracht, dorthin, wo die Küste zum Meer hin abfällt und das Gebüsch bis nah ans Wasser reicht. Zwischen den Büschen werden sie sich verstecken und warten, bis es dunkel wird. Dann besteigen sie einen zwanzig Meter langen Fischkutter, der sie aufs offene Meer vor Çeşme fährt. Dort wartet das Segelboot auf sie: ein Zweimaster, neun Meter lang, für neun Personen zugelassen. Gekauft und bezahlt. 50.000 Dollar. Eine Ausnahme in dem Geschäft: Wie wir gesehen haben, werden die Schiffe häufig mit falschen Papieren von ukrainischen oder russischen Skippern angemietet, die wenig Verdacht erregen. An Bord des Segelschiffs warten zwei Kapitäne, die die menschliche Fracht dann nach Italien bringen.

Den Skippern hat man 20.000 Dollar in Aussicht gestellt. Zieht man diese Ausgaben ab, bleiben für Küçük immerhin noch 60.000 Dollar. Frisch gewaschen. Schwarz und steuerfrei. Nicht schlecht, wenn man bedenkt, dass er von April bis September unzählige solcher Reisen organisiert. Häufig mit gestohlenen und größeren Schiffen, also mit mehr Kunden. Das Geschäft bringt ihm jedes Jahr also Hunderttausende von Dollar ein.

Eine Woche später hat die Fracht ihren Zielort erreicht. Der »große Türke« geht auf den Basar, nun betritt er das Juweliergeschäft.

»*As-salām 'alaykum.*«

»*Wa 'alaykum as-salām.*«

»Hier, mein Zettel. Ich hole das Geld. Ich brauche Bares.«

»Okay. Die Kunden haben angerufen und Bescheid gesagt, dass sie angekommen sind. Ein Moment, bin gleich wieder da«, sagt der Juwelier, während er auf das Stück Papier schaut. Er verschwindet in den Hinterräumen und kehrt mit 140.000 Dollar zurück, wickelt sie in Papier und übergibt sie Muammer Küçük. Der nickt und lächelt. 8000 Dollar von der ursprünglichen Summe fehlen. Aber klar, der Juwelier muss schließlich auch was verdienen. Er erbringt eine grundlegende Dienstleistung für das »System« von Muammer Küçük.

Auf der Gehaltsliste des Schleuserbosses

Mehr darüber, wie die Gelder innerhalb der Organisation von Muammer Küçük fließen und wie sein krakenartiges System funktioniert, kann uns Ohran verraten. Er ist »Kapitän«, hat uns allerdings gebeten, seine Identität und seinen Wohnort geheim zu halten.

Ein gut aussehender Mann. Um die fünfzig. Türke. Er spricht ein wenig Englisch, aber wir wollen, dass er sich in seiner Muttersprache ausdrückt, und haben einen Dolmetscher hinzugezogen. Wir treffen uns an einem heißen Tag Mitte Juni 2013. Unter Ohrans offenem Hemdkragen und den hochgekrempelten Ärmeln lugen ein paar ältere Tätowierungen hervor. Graue Haare, zum Zopf gebunden. Wenn er redet, blickt er einen unverwandt aus stahlblauen Augen an, sein Lächeln ist zugleich spöttisch und unterwürfig. Er hat die Marineschule besucht und ist, als es einmal wenig Arbeit gab, im »System« gelandet. Anfangs hat er nur ein Schiff instand gehalten und ausschließlich Touristen befördert. Dann nötigte man ihn, als Kapitän zu arbeiten. Sie drohten ihm. »Wir wissen, wie deine Söhne heißen. Und wo wir sie finden. Du willst doch nicht, dass ihnen etwas zustößt! Wenn du für uns arbeitest, kriegst du ordentlich Kohle«, haben sie gesagt. Weil er das Geld brauchte und eingeschüchtert war, ist Ohran schließlich der Welt der Schleuser beigetreten.

Ohran weiß, wie das »System« funktioniert, wie die Gelder aus dem Geschäft weitergereicht und investiert werden. Wie viel der Boss zahlt und an wen. Wir lassen ihn erzählen und erfahren etwas über Zahlen, über die Ein- und Ausgaben der

Menschenschmuggler. Und wer auf der Gehaltsliste des »kleinen großen Türken« steht.

In Istanbul gibt es mehrere Akquisiteure, auch Organisatoren genannt. Sie stehen in dem System weit oben. Sie lenken die Flüchtlingsströme aus dem Süden der Türkei. Dort landen sie ja alle: Syrer, Kurden, Afghanen, Pakistani. Die Akquisiteure sind Türken kurdischer Herkunft. Sie kennen die Gegend und die Sprachen und haben Kontakt zu Ansprechpartnern in den Herkunftsländern der Flüchtlinge.

Die Organisatoren kümmern sich um alles: Sie mieten alte Fabriken und leer stehende Hotels – wo die Flüchtlinge »zwischengelagert« werden. Die Kunden kommen und gehen in aller Heimlichkeit: Die meisten Sammellager befinden sich in den Vierteln Aksaray und Beyazit.

Die Kunden bringen das Geld in bar mit, normalerweise haben sie 5000 bis 7000 Dollar in der Tasche. Die Akquisiteure behalten 2000 pro Kunde für sich, als Honorar. Der Rest geht an den Boss, für die Überfahrt nach Europa. Aber der muss erst gezahlt werden, wenn der Kunde das Ziel erreicht hat. Das Geld steht Muammer Küçük zu. Er überwacht und kontrolliert das gesamte Gebiet. Er wohnt in Istanbul, hält sich aber auch häufig an der Küste auf.

In den Fabriken und Hotels gibt es Wachleute. Fünf oder sechs Männer, die pro Kunde zwanzig bis dreißig Dollar nehmen. Das hört sich wenig an, aber sie überwachen ja viele Leute, und die Arbeit ist auch nicht anstrengend oder gefährlich.

Die Kunden werden dann in Minibusse verfrachtet, die sie

etwa von Istanbul nach Bodrum fahren. Immer sieben oder höchstens acht in einem Bus. Auf der Straße gibt es die »Beobachter«. Sie folgen dem Bus im eigenen Auto, meistens zu zweit. Oder sie fahren im Taxi vorweg und warten auf die Flüchtlinge. Sie machen Meldung, begleiten den Bus, schauen sich um und rufen an. Sie sagen Bescheid, ob Polizei unterwegs oder die Straße frei ist. Sie passen einen möglichst günstigen Moment ab, damit das Schiff gefahrlos anlegen und die Flüchtlinge an Bord nehmen kann. Sie warten natürlich, bis es dunkel wird, dann ist es am sichersten. Das Ganze dauert vier, maximal fünf Stunden.

Die Beobachter stehen auf Küçüks Gehaltsliste. Sie verdienen 700 bis 800 Dollar pro Fahrt. Wenn sie das drei- oder viermal im Monat machen, kommt da schon was zusammen. In der Türkei lebt man schon prima mit 2000 Dollar. Ein Rentner kriegt im Monat allerhöchstens 500. Und sie gehen dabei fast kein Risiko ein, sie müssen nur die Augen offen halten, ihre Arbeit ist nicht gefährlich. Man kann wohl ja kaum im Gefängnis landen, weil man einen Minibus beobachtet hat.

Für die beiden Skipper machen sie normalerweise 20.000 Dollar locker, 10.000 für jeden. 5000 gehen außerdem an das Faktotum, das die Kapitäne aufgetrieben hat. Die Leute, die für die Organisation nach Skippern suchen, leben normalerweise in Marmaris oder anderen Küstenorten. Sie gucken sich um, beobachten die Lage. An der Küste gibt es keine Arbeit, da findet sich immer jemand, der die Überfahrt macht. In diesen Zeiten kann doch jeder Geld gebrauchen.

Das Faktotum wiederum spannt weitere Seeleute für sich ein. Die sorgen dafür, dass alles parat ist. Die kümmern sich um das Boot, laden Trinkwasser ein und bereiten das Essen vor: Nudeln, Kartoffeln, Oliven. Alles schon gekocht. Aber das sind ja nur Kleckerbeträge. Mehr ins Geld geht eben das Schiff. Die Wochenmiete kostet 3000 Dollar. Und an Türken vermietet keiner mehr gern. Da geht die Angst um, man hat läuten gehört, was da passieren kann. Die Leute haben mehr Vertrauen in Rumänen, Ukrainer und Russen.

Mein Boot war gekauft, für 50.000 Dollar: Es war ein altes Boot, das fast dreißig Jahre auf dem Buckel hatte. Es fuhr nicht unter türkischer Flagge. Das ist besser, wenn man Kontrollen vermeiden will. Viele fahren unter amerikanischer Flagge. Wenn es billiger gehen sollen, kann man auch Fischkutter mieten. Da bezahlt man nicht mehr als 20.000 insgesamt, außerdem passen viel mehr Leute rein.

Dann müssen natürlich die Beamten »geschmiert« werden, von April bis Ende September. Ein korrupter Beamter kann in einer Saison auf 40.000 Dollar kommen. Normalerweise sind sie Oberleutnant oder Oberst. Um andere Funktionäre muss man sich nicht kümmern, nur um die vor Ort. Aber klar, Korruption gibt es auf allen Ebenen.

Wie viel Muammer Küçük verdient? Da muss man ja nur mal rechnen. In letzter Zeit sind fünfunddreißig von »seinen« Kapitänen verhaftet worden: Sie haben insgesamt zwanzig Boote gefahren. Wenn man sie nicht erwischt, macht jeder von denen fünf bis sechs Überfahrten pro Saison. Jede Überfahrt bringt im Schnitt, nur die Fahrt allein, 50.000 Dollar. Das sind also ungefähr 300.000 Dollar pro Saison. Das muss man aber noch mit den zwanzig geschnappten Booten multiplizieren, dann kommt man auf sechs Millionen Dollar. Und das ist ja nur ein winziger Teil von dem Riesenumsatz, den der türkische Schlepperboss macht.

Außerdem gibt es ja Überfahrten mit größeren Booten, bei denen noch mehr rumkommt. Mit einem zwanzig Meter langen Fischkutter kann man beispielsweise 500.000 Dollar einspielen; davon landen 400.000 in Küçüks Taschen. Aber vor allem sind da noch zig andere Kapitäne, von denen ich gar nichts weiß.

Küçük hat Millionen von Dollar gescheffelt. Er ist schon seit Ende der Neunzigerjahre im Geschäft, und zwar immer auf diesem Niveau. Angeblich hat er ein Pharmaunternehmen gekauft und besitzt allein in Izmir hundert Häuser. Die er vermietet. Ich glaube, seinen wirklichen Namen hat er noch keinem genannt. Er tritt unter Decknamen auf. Sonst könnte man ihn ja verhaften, zumindest wegen Steuerflucht.

Die Flüchtlinge zahlen in Istanbul in bar. Küçüks Leute sammeln das Geld in der Hauptstadt ein. Sie besitzen Tresore, dort legen sie das Geld rein. Wenn sie genug beisammen haben, bringen sie es zu einem Juwelier oder in eine Wechselstube. Dort fließt ja immer Geld, auch Euro oder Dollar. Immer und pausenlos. Schließlich sind die Summen auch nicht so riesig, dass man sie nicht einfach zwischen anderen Geldströmen verstecken kann. Wer das Geld verwahrt, erhält eine Provision. Jedes Glied in der Kette bekommt sein Honorar, seinen Anteil – aber erst mal kein Bargeld, sondern nur ein Stück Papier, einen Zettel. Der »Kassierer«, nehmen wir den Juwelier, schreibt auf einen Block, wem noch Geld zusteht und wie viel. Dann reißt er das Blatt in zwei Teile, einen Teil behält er und den anderen gibt er dem, der die Leistung erbringt. Wenn das Geld fällig ist, kommt derjenige mit dem Zettel und zeigt ihn vor. Der Kassierer vergleicht ihn mit seinem Teil, und wenn auf beiden dasselbe steht, händigt er die vereinbarte Summe aus.

Normalerweise zahlt Muammer Küçük das Geld selbst an seine Männer aus, nachdem er es beim Juwelier abgeholt hat. Doch manchmal fehlt es an Vertrauen. Dann kann es sein, dass das Faktotum, das den Kapitän – oder die Kapitäne – aufgetrieben hat, einen eigenen Zettel mit seinem Namen verlangt. Der Juwelier schreibt dann auf den Block »25.000« und den Namen dieser Person, und die geht nach getaner Arbeit selbst zum Juwelier und holt das Geld ab.

Die Zettel ermöglichen einen Überblick darüber, wer noch wie viel Geld bekommt. So kann man die Auszahlungen kontrollieren. Außerdem dienen sie als Sicherheit. Sie schaffen Vertrauen und räumen das Misstrauen aus, das die einen gegenüber den anderen hegen. Weil die Gelder ja erst ausgezahlt werden, wenn die Flüchtlinge am Zielort sind.

Ein Beispiel: Ein Faktotum findet an der Küste zwei Kapitäne für die Organisation. Dann lässt er sich von dem Juwelier einen Zettel über 25.000 Dollar geben: Das ist der Betrag, den man ihm versprochen hat. Das Faktotum ist jetzt selbst für den Betrag verantwortlich und bestimmt, was damit passiert. Der Mann geht also nach getaner Arbeit selbst zu dem »Kassierer« in Istanbul, also in die Wechselstube oder den Juwelierladen. Wenn der Kapitän nun ein Problem mit der Polizei kriegt, die Flüchtlinge aber trotzdem ans Ziel gebracht hat, dann weiß er, dass das Faktotum sein Geld hat. Der Skipper kann ihn nun bitten, sein Geld einem Familienangehörigen zu überbringen, damit der einen vernünftigen Anwalt bezahlt. Das kommt öfter mal vor.

Das hawala-System

Die »Kassierer« ermöglichen ihren Kunden, Geld über informelle Kanäle zu transferieren. Sie gehen dabei nach einem genialen Banksystem vor, über das weltweit Millionen von Euro fließen: dem *hawala*-System, das bei Schleusern in Nahost sehr beliebt ist.

Was *hawala* genau ist? Eine unglaublich raffinierte, effektive und gleichzeitig einfache Methode, um Geldströme zu verwalten – auch die aus dem Schleusergeschäft. Und der Grund, warum sich das Geld der Menschenschmuggler scheinbar in Luft auflöst und es den Ermittlern beinah nie gelingt, ihre Geldtransfers nachzuverfolgen. Denn das System kommt ohne Überweisungen oder Schecks aus. Ursprünglich wurde es von Händlern in Nahost und Asien erfunden: in den Vereinigten Arabischen Emiraten, Afghanistan und Pakistan. Kein Vorgang hinterlässt irgendwelche Spuren: keine Quittungen, IBAN, Scheckregister, Gespräche mit Bankangestellten, nichts. Das System hat sich schnell auch außerhalb der Handelswelt verbreitet. Es ist in jeder Hinsicht legal. Es beruht auf einem Netz aus Händlern, den *hawaladar*, und auf Vertrauen. Das Geld wandert von einem *hawaladar* zum nächsten. Allerdings nicht das Geld an sich, sondern nur ein Versprechen, ein Vertrauensvorschuss bewegt sich von einem Händler zum nächsten. Unter Zuhilfenahme eines Zettels. Und einer nackten Zahlenreihe, die die treuhänderische, mitunter auch kriminelle Beziehung zwischen den Netzknoten festhält.

Wie das funktioniert? Ein Afghane, der in Rom lebt, möchte beispielsweise Geld nach Kandahar schicken. Dann geht er zum nächsten *hawaladar* in Rom und gibt ihm einfach den Betrag, den er verschicken will – plus einem bestimmten Prozentsatz für seine Dienstleistung. Der römische Händler, auch »Knoten« genannt, hat in Kandahar einen Ansprechpartner. Die Kommunikation läuft über Fax oder E-Mail. Eine Person, die der Absender genannt hat, holt dann das Geld bei dem *hawaladar* in Afghanistan ab. Dabei gibt es natürlich gewisse Kniffe, wie man den Abholer sicher und eindeutig identifizieren kann. Soll und Haben regeln die *hawaladar* unter sich. Um bei unserem Beispiel zu bleiben: Der Knoten in Kandahar, der das Geld für den in Rom ausgezahlt hat, besitzt nun einen Schuldschein, den er jederzeit einfordern kann. Wenn er das Geld braucht, kann er den Händler in Rom zu jedem beliebigen Zeitpunkt bitten, den entsprechenden Betrag in bar auszuzahlen. Die Knoten sind in der Regel Geschäftsleute, die untereinander noch mit anderem handeln. Nehmen wir an, der Knoten aus Kandahar fertigt Schmuck im Wert von 10.000 Dollar und liefert ihn an den in Rom. Dann zahlt der Knoten den Betrag an den aus, der ihn bekommen soll, und begleicht damit seine vorherigen Schulden. Anders gesagt, die *hawaladar* regeln Forderungen und Verbindlichkeiten auch über andere Geschäftstätigkeiten – ohne jemals Geld zu überweisen.

Die Vorteile liegen auf der Hand: geringe Sichtbarkeit, Schnelligkeit, keine Bürokratie, niedrige Kosten und Bankdienstleistungen, wo es keine Banken gibt. Vor allem Migranten konnten und können so Geld in ihre Heimat schicken, häufig Regionen, in denen es kein Bankwesen gibt. Mit kriminellen Machenschaften hat *hawala* also erst mal nichts zu tun. Aber seine besonderen Merkmale machen es für jeden hochattraktiv, der schmutziges Geld transferieren will, ohne Spuren zu hinterlassen.

Wenn man als *hawaladar* arbeiten möchte, muss man Vertrauen genießen und über Bargeld verfügen. Ohne das eine wie das andere ist *hawala* völlig undenkbar. Die *hawaladar* bewegen riesige Geldmengen. Im Frühjahr 2008 ist die Digos von Frosinone auf den Betreiber eines Telefoncenters in Rom gestoßen. Muscharaf. Im Verlauf der Ermittlungen stellte sich dann heraus, dass er der italienische Kontaktmann eines Schleuserrings war, der eben mit diesem *hawala*-System arbeitete. Die Kosten für die Reise von Afghanistan in ein EU-Land betrugen durchschnittlich zwischen 6000 und 10.000 Euro. Die Flüchtlinge zahlten dabei für einzelne Etappen. Der Preis variierte je nach erbrachter Leistung: Wer mit gefälschtem Pass von Athen nach Rom oder Mailand fliegen wollte, musste ungefähr 3000 Euro zahlen. Wer im Lkw fuhr, zahlte nur 1000.

Operation »Cestius«

Aber wieso ermittelt die Digos in einem Fall, in dem es um eingeschleuste Flüchtlinge geht? Normalerweise sind sie doch für Terrorismusbekämpfung zuständig? Wir wollen nicht lange grübeln, sondern steigen lieber in den Frühzug nach Frosinone. Dort kennt man sich mit geschlossenen Geschäftsmodellen aus, die nur auf einem einzigen Faktor beruhen: der ethnischen Zugehörigkeit. Denn auch die ethnische Zugehörigkeit kann eine Lesart eröffnen, die die Funktionsweise des Schleusergeschäfts erklärt.

An einem Morgen im Juli 2012 treffen wir uns also in dem

Städtchen der Region Latium mit der Leiterin der lokalen Digos, Antonella Chiapparelli, und ihrem Stellvertreter, Paolo Patrizi. Sie erzählen uns von der Sache mit Muscharaf. Einige Wochen später sprechen wir außerdem noch mit Francesco Polino, dem Staatsanwalt der Bezirksdirektion zur Bekämpfung der Mafia bei der Staatsanwaltschaft Rom, der die Ermittlungen verfolgt hat. Muscharaf, nicht vorbestraft und politischer Flüchtling, betreibt in Rom – im Viertel Ostiense, in der Nähe der Cestius-Pyramide – ein Telefoncenter. Und die Digos, die Terroristen und Drogenschmuggler jagt, ist auf Ermittlungen in kriminellen ethnischen Gruppen spezialisiert. Sie kennt sich aus.

Im Juli 2006 hat die Verkehrspolizei bei einer Routinekontrolle einen schwarzen Golf angehalten. Auf der Autobahn A1, Kilometer 606 in nördlicher Fahrtrichtung, Gemeinde Anagni, Provinz Frosinone. Im Auto: zwei Männer afrikanischer Herkunft. Auf der Rückbank entdecken die Polizisten eine Reisetasche mit 800.000 Euro Bargeld. Die Digos nimmt umgehend Ermittlungen auf, die, unter Leitung der Bezirksdirektion zur Bekämpfung der Mafia in Neapel, bis Oktober 2008 andauern. Die Operation »Suleiman«, benannt nach einem der Männer im Auto, der sich später als ein führender Kopf der Bande entpuppen sollte, konzentriert sich auf eine ghanaische sowie nigerianische Organisation und die Zelle einer international agierenden pakistanischen Bande, die sich dem internationalen Drogenschmuggel aus Pakistan und Afghanistan nach Italien verschrieben hat. Ausgehend von der Operation »Suleiman« legen die Ermittler im April 2008 eine neue Akte mit dem Namen »Scutum« an und nehmen die pakistanische Bande genauer ins Visier. Die Ermittlungen werden von der Digos-Leiterin Chiapparelli angeführt. Sie arbeitet eng mit ihrem Stellvertreter Patrizi, mit zwei Polizeibeamten, die für Abhörmaßnahmen und Beschattung verantwortlich sind, und mit zwei Dolmetschern für Paschtu zusammen. In mehreren abgehörten Telefongesprächen erwähnt der Chef der pakistanischen Bande einen Afghanen, Muscharaf, über den er Geld nach Pakistan schicken will. Dabei unterhalten Pakistani und Afghanen normalerweise nie Geschäftsbeziehungen. Erstere bleiben lieber unter sich; sie halten die anderen nämlich für ein unterlegenes Volk. Der Geschäftskontakt ist also auffällig und somit verdächtig. Chiapparelli und Patrizi kommen zu dem Schluss, dass Muscharaf ein wichtiger Mann sein muss.

Die Leute von der Digos entdecken, dass zwischen Pakistani und Afghanen gewaltige Geldmengen hin- und herfließen. Verdächtige Geldströme, die man überwachen sollte. Mit der Operation »Scutum« beginnt daher sofort die nächste: »Cestius«. Die Operation »Cestius« gehört zu den umfangreichsten Ermittlungen, die in Italien im Bereich der organisierten Erleichterung der illegalen Einwanderung je durchgeführt wurden. Im Bereich der Schleuserringe also. Der Hauptakteur, der Angelpunkt, um den das große Geschäft kreist, ist Muscharaf.

Geboren wurde er 1978. Als er 2006 nach Italien kam, erhielt er, aus humanitären Gründen, eine Aufenthaltsgenehmigung. Er pflegt Kontakte mit Pakistani, weil er ein *hawaladar* ist: Sein Telefoncenter ist ein Knoten im *hawala*-Netzwerk. Über ihn kann man jede beliebige Summe an jeden Ort der Welt verschicken, wo es einen *hawala*-Knoten gibt. Also darum interessieren sich die Pakistani für ihn: Sie verschieben über ihn die Einnahmen aus dem Drogenhandel und waschen so ihr

Geld. Ebenso wie viele andere Telefoncenter und Internetcafés in der Gegend von Ostiense ist das Telefoncenter von Muscharaf Dreh- und Angelpunkt für gesetzeswidrige monetäre Transaktionen zwischen Italien und Afghanistan, Pakistan, Iran, Griechenland, Frankreich, Dänemark, Großbritannien und anderen europäischen Staaten. Aber damit nicht genug: Denn es ist vor allem Sammel- und Verschiebebahnhof für Aberhunderte von irregulären afghanischen Einwanderern, die auf ihre Weiterreise nach Mittel- und Nordeuropa warten – mit Endstation Norwegen und Großbritannien.

Muscharaf und einige Landsleute von ihm sind die italienischen Bosse. Doch sie bilden nur eine einzelne Zelle in einer riesigen kriminellen Vereinigung: in einem gigantischen ethnischen Netzwerk, das sich von Afghanistan bis nach Nordeuropa erstreckt und eine Heerschar von Menschen beschäftigt, die sich in seinem Dunstkreis bewegen. Die einzelnen Zellen befinden sich dabei entlang der Route, die die afghanischen Flüchtlinge auf ihrem Weg nach Europa nehmen. Jede Zelle ist jeweils nur für eine bestimmte Etappe zuständig und übergibt die Flüchtlinge dann an die nächste. Allein in Italien gibt es sechs Bosse, die ungefähr vierzig Leute befehligen und mit verschiedenen Aufgaben betrauen: eine folgsame Herde, die das Geschäft am Laufen hält. In den anderen Ländern funktionieren die Zellen ähnlich: Je nach Bedarf werden sie flexibel organisiert und greifen dabei auch auf Dienste anderer krimineller Banden zurück. Ein großes ethnisches Netzwerk also mit vielen einzelnen Gruppen, die rasch agieren, sich blitzschnell anpassen und für die Ermittler unsichtbar bleiben. Zumindest für Ermittler, die es normalerweise nicht mit komplexen kriminellen Phänomenen zu tun haben. Die Geschäftszahlen, die das Netzwerk erreicht, sind geradezu schwindelerregend: Muscharaf, ein fähiger Mann, brachte Monat für Monat zwei- bis dreihundert Leute illegal über die Grenze, im Jahr also dreitausend. Sein Umsatz belief sich demnach auf mindestens 18 Millionen, wenn nicht gar auf 30 Millionen Euro pro Jahr.

Ein Milliardengeschäft

Laut einem aktuellen Bericht der Vereinten Nationen erwirtschaften Schleuserringe, die Flüchtlinge von Afrika nach Europa bringen, einen geschätzten Jahresgewinn von 150 Millionen Dollar. Menschenschmuggler, die Flüchtlinge in die USA schleusen, verdienen laut demselben Bericht sogar jährlich 6 Milliarden Dollar. Die USA und Europa sind damit zweifellos die einträglichsten Märkte. Im Bericht der Internationalen Organisation für Migration von 2011 heißt es sogar, die Erträge aus diesen Geschäften beliefen sich auf jährlich schätzungsweise 3 bis 10 Milliarden Dollar. Weitere Quellen sprechen von 20 Milliarden Dollar im Jahr.

Natürlich sind Schätzungen, noch dazu, wenn sie wie in diesem Falle voneinander abweichen, mit Vorsicht zu genießen, aber es dürfte außer Frage stehen, dass es hier um eine Menge Geld geht. Nämlich um das Geld, das hinter jedem Schiff, das in Lampedusa, Agrigent oder Crotone anlegt, hinter jedem Lkw aus Griechenland, der in Bari von der Fähre rollt, und hinter jeder verkleideten Touristengruppe steht, die in Malpensa aus dem Flugzeug steigt. Es geht hier um das einträglichste Geschäft der Welt nach dem Drogenhandel – wobei häufig Routen und manchmal auch Akteure dieselben sind: Schwächelt das Kokaingeschäft, weicht man eben auf Flüchtlinge aus. Oder im schlimmsten Fall auf Waffen. Allerdings gibt es einen entscheidenden Unterschied: Wenn sich ein Lkw voller Flüchtlinge in der Wüste verirrt und die Kunden schon gezahlt haben, wen kümmert es? Wenn ein Schiff mit fünfundvierzig Kunden absäuft, die ihr »Ticket« vorher gelöst haben, wen kümmert es? Wenn ein Afghane in einem griechischen Wohnmobil zwischen Patras und Bari entdeckt wird, wen kümmert das schon? Doch wenn dir zwischen Bissau und Dakar eine Ladung Kokain abhanden kommt, dann kriegst du ein echtes Problem. »Schnee« ist nämlich mehr wert als Flüchtlinge, als Menschen. Weil es in der Welt vor Menschen, Flüchtlingen, Kunden nur so wimmelt, die nichts anderes wollen als nach Europa. Von der wertvollen Ware Mensch gibt es mehr als genug.

Doch wie sieht nun die Preisgestaltung des größten »Reiseveranstalters« der Welt genau aus? Die Internetseite Havoscope.com wertet weltweit Daten von Gerichtsfällen, Zeitungsartikeln, Presseagenturen und anderen Quellen aus. Wir haben diese Zahlen weiter angereichert: mit denen des Büros der Vereinten Nationen für Drogen- und Verbrechensbekämpfung (UNODC), der Internationalen Organisation für Migration (IOM) und mit Zahlen aus unseren eigenen Recherchen. Natürlich können die folgenden Angaben nur Annäherungswerte sein. Schließlich ändern sich die Preise häufig: wenn Flüchtlingsrouten verlegt werden müssen, wenn die Grenzpolizei neue Maßnahmen ergreift, wenn die Strafen für Schleuser verschärft oder gelockert werden, wenn die Zahl der notwendigen Grenzübergänge steigt.

So sehen die Preisforderungen der Menschenhändler im Einzelnen aus, in US-Dollar:

- Afghanistan–Großbritannien (London): 25.000
- Afghanistan–Iran: 700
- Asien–Europa: 3000 bis 10.000
- Asien–USA: circa 25.000
- Bangladesch–Brasilien: 10.000
- Brasilien–USA: 13.000 bis 17.000
- China–Großbritannien: 41.800
- China–USA: 40.000 bis 70.000
- Guatemala–USA: 7000
- Irak–Deutschland: 7000 bis 14.000
- Irak–Großbritannien: 10.500
- Kuba–USA: 10.000
- Mexiko–USA: 1000 bis 4000
- Nordafrika (Küste)–Italien (Lampedusa, Sizilien, Kalabrien): 1500 bis 3000
- Nordkorea–Südkorea: 6000
- Pakistan–USA: 22.000
- Schwarzafrika–Nordafrika: circa 2500
- Somalia–USA: 10.000
- Südamerika–USA: 8500
- Türkei–Italien: 2500 bis 5000
- Vietnam–Europa: 28.500

Diese Zahlen muss man nur multiplizieren: mit den Abertausenden von Verzweifelten – oder mitunter Menschen, die sich einfach ein besseres Leben erhoffen – und die Jahr für Jahr die

Dienste von Schleusern in Anspruch nehmen. Dienste von großen und kleinen Schleusern. Billigere und teurere Dienste. Weltweit. Ein Geldstrom, der nicht abreißt. Unglaublich viel Geld. Das häufig aus Ökonomien gepresst wird, die längst am Boden liegen. Viele kleine Bäche, die in verschiedene Richtungen streben. Manchmal vereinen sie sich zu einem großen Strom, manchmal bleiben sie Bäche. Geld, das sich kaum nachverfolgen lässt. Aber gefährlich ist, weil es die gesunden Märkte von Industrie- und Schwellenländern verschmutzt. Weil es dazu dient, neue Schleusertätigkeiten und andere kriminelle Aktivitäten zu finanzieren.

Die Regeln der Geldwäsche

Wie alle illegalen Geschäfte, in denen viel Geld fließt, stützt sich das Schleusergeschäft auf ein umfangreiches Geldwäschesystem. Darum lautet die eiserne Grundregel, dass das Flüchtlingsgeschäft hauptsächlich ein Bargeschäft sein muss. Laut dem Arbeitskreis Maßnahmen zur Geldwäschebekämpfung (die 1989 auf dem G7-Gipfel in Paris gegründete internationale Expertengruppe entwickelt und fördert politische Maßnahmen zur Geldwäschebekämpfung) gibt es in der ebenso rudimentären wie effizienten *cash economy* drei Typen von Schleusern, die ihre Gewinne auf unterschiedliche Art reinvestieren: Der Typ *Ameise* investiert das Geld wieder in sein Herkunfts- oder Zielland und steckt es in legale Geschäfte. Er erwirbt Restaurants, Bars oder Immobilien, die er, wenn er will, verpachten oder vermieten kann. Der Schleuser vom Typ *Zikade* lebt dagegen nach dem Motto »Man muss das Leben genießen«: Kriminalität muss sich schließlich lohnen. Wenn das Verbrecherleben schon riskant ist und man im Gefängnis landen kann, muss man wenigstens etwas davon haben. Er leistet sich im Herkunfts- oder Zielland einen aufwendigen, luxuriösen Lebensstil, dem auch Exzesse und Verschwendung nicht fremd sind. Allerdings riskiert er dabei, aufzufallen. Der Schleuser vom Typ *Opportunist* wiederum investiert seine Gewinne aus dem Flüchtlingsgeschäft in weitere kriminelle Aktivitäten im Herkunfts- oder Zielland.

Bedenkt man, welche Größenordnungen die Bargeld-Transaktionen im Schleusergeschäft annehmen, müssen die Akteure massiven Gebrauch von Scheinfirmen, Kurieren, informellen Banksystemen und Wirtschaftsaktivitäten machen, die auf Bargeldgeschäften, wie der Handyverkauf, oder Bargeldumtausch, wie beispielsweise Kasinos, beruhen. Doch gerade weil dort Unmengen Bargeld im Umlauf sind, gelingt es den Geldwäschebekämpfungsbehörden nur selten, die Menschenhändler zu fassen und ihre Vermögen zu beschlagnahmen. Bargeldgeschäfte mögen archaisch wirken, gehören aber zweifellos zu den Stärken des Schleusergeschäfts. Manchmal kommt es allerdings vor, dass etwas schiefläuft und sich die Geldströme doch zurückverfolgen lassen. Wie etwa bei der »Madame der Visa«, Staatsbürgerin eines westafrikanischen Landes, die jahrlang im Senegal lebte, wo sie mit einem französischen Diplomaten verheiratet war, der in Dakar in der Botschaft seines Landes Dienst tat. Heute sitzt »Madame« im Gefängnis und verbüßt eine dreijährige Haftstrafe: wegen Geldwäsche.

Man stelle sich vor, wie sie am Telefon spricht, am anderen Ende der Leitung ihr Mann. Sie sitzt behaglich zu Hause, in einem wunderschönen Haus, eingerichtet in europäischem Stil. Noch schöner allerdings sind die beiden superluxuriösen und vermieteten Villen, die das Paar erworben hat, um seine Gewinne aus anderen wirtschaftlichen Aktivitäten anzulegen. Ein paar Jahre zuvor hat Madame nämlich in einer lokalen Bank zwei Konten eröffnet, eins auf ihren Namen, das andere als Sparbuch für ihren Sohn, damals noch ein Kleinkind. Eine Zeit lang geschieht auf den Konten nichts, was auffällig wäre. Dann wird in derselben Bank ein drittes Konto eröffnet, wieder von Madame, aber auf den Namen ihres Mannes, der ihr eine entsprechende Vollmacht erteilt. Und nun geschehen auf den Konten plötzlich Dinge, die doch auffällig sind: verdächtige Transaktionen, auf die die Bankangestellten aufmerksam werden. Auf allen drei Konten gehen ausschließlich Barbeträge ein. Beinahe täglich zahlt Madame Geld auf die Konten ein. Geld, das nicht zu dem Einkommen des Ehepaars passen will und erst recht nicht zu einer Ehefrau, die nicht berufstätig ist.

Die Bank meldet die verdächtigen Transaktionen der senegalesischen Geldwäschebehörde. Ermittlungen werden aufgenommen, und man entdeckt, dass das Ehepaar einen schwunghaften Visahandel betreibt. Die Frau ist dabei für die Kundenakquise unter Westafrikanern und Senegalesen zuständig. Ihre Kunden zahlen im Schnitt 5000 bis 6.000 Euro für die Ausstellung falscher Reisepapiere. Manchmal sogar mehr als 10.000 Euro. Der Diplomat begründet die Ausstellung der Visa mit Bildungsmaßnahmen in Europa. In drei Jahren hat das Ehepaar so über 2 Millionen Euro verdient. Die Ermittler können nachweisen, dass die beiden Luxusvillen, in guten Wohnvierteln der senegalesischen Hauptstadt, von diesen Einnahmen bezahlt wurden. Die Häuser werden ebenso wie die restlichen Kontoeinlagen beschlagnahmt.

Doch solche Erfolgsgeschichten sind selten, man kann sie fast an einer Hand abzählen. Das Geld, und wie wir gesehen haben, geht es im Menschenschmuggel um sehr viel Geld, lässt sich leider nur selten aufspüren und sicherstellen. Dabei ist Geld im Schleusergeschäft eigentlich alles: Anfang und Ende. Alpha und Omega. Und dass Geld der Schmierstoff ist, der den Motor am Laufen hält, weiß nicht nur der Organisator ganz oben an der Spitze, sondern auch noch der kleinste Schleuser.

JOSIP LONČARIĆ, DER UNFASSBARE

Intimfeinde

»Hallo, ich bin's. Wie geht's?«

»Gut, gut, lange nichts voneinander gehört ... Wie geht's dir?«

»Kommt drauf an, wie sich die Dinge noch entwickeln. Wie läuft's bei dir mit der Arbeit?«

»Alles wie gehabt. Ich hab den Nightclub in Italien. Da arbeiten ein paar Mädchen für mich, aber es könnte besser laufen. Wann lassen sie dich endlich raus?«

»Schon in ein paar Jahren vielleicht. Oder erst in fünfzehn. Keine Ahnung, ich hoffe das Beste.«

»Das wird schon, du brauchst nur einen guten Anwalt.«

»Stimmt, ich muss einfach warten.«

»Hör mal. Da ist eine Sache, die mich interessiert. Kennst du Frezza?« [Federico Frezza, Staatsanwalt in Triest]

»Wen, den Staatsanwalt?«

»Genau. Hier neben mir sitzt Lončarić.«

»Dann weiß ich schon, was du willst, glaub ich jedenfalls.«

»Ja, ich sitze mit Josip Lončarić im selben Gefängnis. Und was ich gern wüsste. Ich wüsste gern, was die Zeitungen schreiben ...«

»Die Zeitungen? Du willst wissen, was die Zeitungen schreiben?«

»Ja, genau.«

»Bisher nichts. Damals schrieben sie, dass er verhaftet wurde. Aber momentan ist er für sie gestorben.«

»Wirklich?«

»Als sie ihn verhafteten, hieß es, er arbeitet im ganz großen Stil. Alle waren gegen ihn. Überall konnte man lesen, er wäre die Nummer eins auf seinem Gebiet und Frezza hätte ihn persönlich auf dem Kieker, Lončarić wäre sein Intimfeind. Und jetzt, absolute Stille. Aber er sitzt mit dir im selben Gefängnis?«

»Ja, er sitzt gerade neben mir. Er schläft mit mir in einer Zelle, nur kommt er wahrscheinlich morgen raus.«

»Morgen?«

»Oder spätestens in einer Woche.«

»Er wird entlassen?«

»Ja doch.«

»Wie denn? Es gab doch noch gar keinen Prozess!«

»Doch, der läuft gerade [in Slowenien, A. d. A.]. Aber der geht den Bach runter, er wurde schon mehrmals vertagt. Sein Anwalt hat die zur Schnecke gemacht.«

»Seit wann sitzt er? Seit einem Jahr?«

»Ja, seit einem Jahr.«

»Ja dann ... Die Zeitungen haben drüber geschrieben, und jetzt schreiben sie nichts mehr.«

»Okay.«

»Also, was ich dir sagen wollte ... Wenn es etwas gibt ... ich meine, wegen dem Job. Du weißt ja, dass ich das machen würde.«

»Klar, da kannst du ganz beruhigt sein. Im Gegenteil. Weißt du noch, was ich dir das eine Mal bei mir gezeigt habe? Weißt du noch, das gute Stück? Das kannst du haben, wenn du's brauchst.«

»Okay.«

»Wenn du willst, kannst du mit Igor sprechen. Wir haben häufiger Kontakt. Ich kann ihm die Adresse von dem Lager geben. Dann kannst du da hingehen.«

»Gut.«

»Dann ist also alles klar so weit?«

»Rufst du noch mal an?«

»Ja klar. Dann mach's mal gut.«

»Du auch, und sieh zu, dass du so schnell wie möglich rauskommst.«

»Na, das will ich hoffen.«*

Das Telefongespräch wird am 2. Dezember 2001, um 21.23 Uhr, von einer Gefängniszelle in Ljubljana, Slowenien, aus geführt und von der Staatsanwaltschaft in Triest abgehört, die das Handy des Empfängers überwacht. Das Gespräch dauert ungefähr fünf Minuten. Der Anrufer, dessen Handy vermutlich von einem gefälligen Wärter ins Gefängnis geschmuggelt wurde, ist Zvonimir Vojska, er sitzt wegen Mordes ein. Einige Jahre zuvor hatte er die Polizei in halb Europa schon einmal in helle Aufregung versetzt: In einem abgehörten Telefongespräch sprach

* Carabinieri Region Friaul-Julisch Venetien, Kompanie Triest – Via Hermet, Protokoll der Telefonmitschnitte, 7. Dezember 2001, Nr. 487/328

er über Organe, die illegalen Einwanderern entnommen werden sollten.

Am anderen Ende der Leitung spricht an diesem 2. Dezember Marino Paoletti, dem eines der bekanntesten Nachtlokale in Triest gehört: das »Mexico«. Er spielt in unserer Geschichte eine Rolle mit viel Licht und Schatten, überwiegend allerdings Schatten. Er behauptet, Beziehungen zum Geheimdienst zu haben. Er ist vorbestraft. Er hat Kontakte zur slowenischen Unterwelt. Jahre später, 2011, wird er in Triest verhaftet, weil er Waffen von Slowenien nach Italien geschmuggelt hat: Kriegswaffen, bestimmt für die italienische Unterwelt.

Mit Zvonimir Vojska in einer Zelle sitzt: Lončarić. Leibhaftig. Dank der engen Zusammenarbeit von Polizei und Staatsanwaltschaft dreier Länder – Italien, Kroatien und Slowenien – konnte der Schmugglerkönig in der slowenischen Hauptstadt aufgestöbert und verhaftet werden. Nun wartet er im Gefängnis von Ljubljana auf sein Urteil.

Das Telefonat, das wir hier wiedergegeben haben, klingt ein wenig kryptisch. Die beiden unterhalten sich in Gangsterjargon. Man muss ihr Gespräch interpretieren, übersetzen: Der Anrufer gibt die Ermordung des Triester Staatsanwalts in Auftrag. Federico Frezza weiß sehr wohl, welche Gefühle Lončarić für ihn hegt. Als er ihn zum ersten Mal traf, in dem besagten Gefängnis von Ljubljana, hat er den stummen Hass des Kroaten deutlich gespürt. Lončarić beantwortete keine der Fragen, die man ihm stellte, er verbarrikadierte sich hinter einem eisigen Schweigen; quasi eine Kampfansage. Frezza ist der Intimfeind des größten Menschenhändlers in Europa: Lončarić will seinen Kopf.

Als Paoletti wenige Wochen später, übrigens von Frezza selbst, zu dem Telefongespräch verhört wird, sagt er, er habe sofort nach dem Anruf überlegt, ob er ihn nicht warnen solle. Keinesfalls beabsichtige er, einen Mordanschlag auf den Staatsanwalt zu verüben. Und was das »gute Stück« beträfe, das er brauchen könne, könnte es sich vielleicht um ein Sturmgewehr handeln. Es sei in einem Lager, besser gesagt, einem baufälligen Gebäude in Divača versteckt, wo er vor ein paar Jahren einmal war. Damals habe er dort einige Kilogramm TNT und eine Kalaschnikow gesehen, genauer eine AK-47, mit der Vojska in den Wäldern geschossen habe, da sei er dabei gewesen. Er könne sich gut an das Gebäude erinnern. Er würde wieder dorthin finden. Es läge ungefähr einen Kilometer von einem Restaurant entfernt.*

Der Antimafia-Staatsanwalt erhält Personenschutz, der erst ein knappes Jahr später aufgehoben wird, er muss nun häufig eine kugelsichere Weste tragen. Schon bald nach dem Telefongespräch vom Dezember 2001 verlässt Lončarić das Gefängnis. Die slowenischen Richter lehnen es ab, ihn an Italien auszuliefern, damit er dort die Strafen verbüßt, die das Gericht in Triest gegen ihn verhängt hat. Ebensowenig genehmigen sie seine Auslieferung nach Österreich oder Ungarn, wo ebenfalls Haftbefehle gegen ihn vorliegen. Die slowenischen Staatsanwälte vertreten zudem die Ansicht, dass die gegen den Angeklagten in ihrem Land erhobenen Vorwürfe – die dieser im Übrigen in einem Prozess bestreitet, der kurz vor dem Abschluss steht –

* Staatsanwaltschaft am Gericht Triest, Protokoll einer Beschuldigtenvernehmung, 11. Februar 2002, Nr. 5193/01 N.R.

nicht ausreichen, um eine Verlängerung der Untersuchungshaft zu rechtfertigen. Der Schleuserboss hat einen erstklassigen Anwalt. Den kann er sich auch leisten. Er verlässt das Gefängnis, noch ehe das Urteil gesprochen ist. Ende 2003 wird Lončarić dann in Slowenien verurteilt: zu einer Haftstrafe von nur dreiundzwanzig Monaten. Da ist er längst nach Kroatien zurückgekehrt. Auch dieses Land stimmt einer Auslieferung aufgrund der in Italien verhängten Strafen nicht zu.

Die Nummer eins unter den Menschenhändlern

Josip Lončarić ist unbestritten die Nummer eins. 90 Prozent der illegal nach Italien eingereisten Chinesen, 50 Prozent der bangladeschischen und 30 Prozent der philippinischen Flüchtlinge sowie ein beträchtlicher Prozentsatz illegaler Einwanderer anderer Ethnien konnten über Jahre die italienischen Grenzen dank Lončarić überwinden. Seine Organisation schleuste jedes Jahr schätzungsweise 35.000 Flüchtlinge nach Italien ein und verdiente damit 135 Milliarden ehemalige Lire. In den Neunzigerjahren hatte Josip Lončarić keine Konkurrenz zu fürchten. Doch wie funktionierte sein Geschäft? Das erklärt uns am besten ein unmittelbarer Zeuge, ein chinesischer »Kunde«:

»Weil ich Verwandte und Freunde hatte, die schon lange in Italien lebten, kam mir der Gedanke, dass auch ich in Ihrem Land leben und arbeiten wollte. Also wandte ich mich an einen Landsmann [...]. Mit der Organisation war vereinbart, dass ich in China zunächst 5000 Yuan [circa 600 Euro] für den Pass zahlen würde, den Rest würden dann meine Eltern begleichen, sobald ich in Italien wäre. Die Leute von der Organisation würden meine Eltern darüber telefonisch benachrichtigen. Am Zielort angekommen, würde ich meinen Eltern, im Beisein von Mitgliedern der Organisation, persönlich bestätigen, dass sie die Schulden für meine illegale Einreise bezahlen sollten. Als mein Pass fertig war – den die Leute von der Organisation mithilfe von zwei Fotos anfertigten, die ich ihnen ausgehändigt hatte – und man alles für die Reise organisiert hatte (Kauf des Flugtickets/Buchung für den Flug Peking–Belgrad), brachte man mich im Hotel Pao Sheng in Peking unter, wo ich ungefähr einen Monat lang darauf wartete, dass meine Papiere für die Reise nach Italien, vor allem das Einreisevisum für Jugoslawien, ausgestellt wurden. Von der Organisation bekam ich 50 Yuan Taschengeld pro Tag.«*

Doch schließlich konnte unser Zeuge, dank eines chinesischen Mitarbeiters von Lončarić, seine Reise antreten: »Zwei Tage vor dem Abflug kam Chung ins Hotel und sagte mir, dass ich am 22. Oktober 1999 von Peking nach Jugoslawien fliegen würde. Er überreichte mir meinen Pass und das Flugticket. Am Abreisetag traf ich am Flughafen auf vier Leute aus meiner Heimatregion, die ebenfalls nach Jugoslawien flogen. In Belgrad nahmen uns drei chinesische Männer in Empfang, wir stiegen in ein Auto, und einer fuhr uns in eine Wohnung in der Stadt. Unser Fahrer schloss uns in der Wohnung ein und ließ uns nichts als ein bisschen Brot und Wasser da. Ich erinnere mich, dass die Fenster und auch die Läden geschlossen waren und der

* Bezirksdirektion zur Bekämpfung der Mafia in Triest, Antrag auf Sicherungshaft, Nr. 1999/99 N. R., S. 46–47

Fahrer sagte, wir dürften sie nicht öffnen und müssten uns still verhalten, sonst setze es Prügel. Wir fünf blieben ungefähr zwölf Tage in der Wohnung. Während dieser Zeit kamen ständig neue Leute dazu. Danach wurde ich von meinen Mitreisenden getrennt, und ein Ausländer, ich nehme an, ein Jugoslawe, brachte mich und sieben oder acht meiner Landsleute in eine andere Wohnung. Dort blieb ich wieder vier oder fünf Tage. Auch dort waren wir eingeschlossen. Anschließend brachte man uns in eine dritte Wohnung, wo wir ungefähr zu zehnt waren, darunter auch welche, die keine Chinesen waren. Dort schloss man uns wieder für zwei oder drei Tage ein, zu essen gab man uns nur Wasser und Brot. Dann brachte man mich und ungefähr zehn andere Chinesen mit dem Auto in eine gebirgige Gegend. Jemand, wahrscheinlich ein Jugoslawe, führte uns zu Fuß an einen Ort, dessen Namen ich nicht weiß. Wir gingen ungefähr fünf Stunden zu Fuß, dann setzten wir mit dem Boot über einen Fluss und gingen noch einmal eineinhalb Stunden zu Fuß. Schließlich kamen Ausländer mit vier Autos und fuhren uns zu einem Landhaus, wo wir einige Tage blieben. Wir waren die ganze Zeit eingeschlossen und aßen Brot und Reis. Von dort brachte man uns, wieder mit Autos, in eine andere gebirgige Gegend, wo wir dann mit einem ausländischen Führer viele Stunden durch den Schnee stapfen mussten. Das Ganze wiederholte sich vier Mal – dabei wechselten natürlich die Personen, die uns transportierten und unterbrachten –, bis wir italienischen Boden erreichten.«*

Doch die Reise war noch nicht zu Ende. »Nachdem wir

* Ebenda, S. 47–48

acht – drei Männer und fünf Frauen – angekommen waren, brachte man uns in den Keller, den ich auf den Fotos, die mir die Polizisten in Mailand gezeigt haben, wiedererkannt habe. Dieselben vier Chinesen, die uns an der Autobahnraststätte in Empfang genommen hatten, bewachten uns auch in den Räumlichkeiten in Bologna: Der Raum hatte nur einen Ausgang, der immer verschlossen war, außerdem war immer, selbst wenn wir schliefen, einer der Entführer mit im Raum. Für unsere körperlichen Bedürfnisse gab es ein Bad, das direkt hinter der Tür lag. Es hatte ein winziges Fenster, durch das man nicht fliehen konnte. Wenn wir – immer nur einzeln – ins Bad gingen, war der Kellerausgang außerdem immer verschlossen, deshalb konnte man nicht fliehen. Wir kamen nicht auf die Idee, Gewalt anzuwenden, weil die Entführer uns sagten, dass sie bewaffnet seien […]. Einmal schlugen sie einen von uns brutal ins Gesicht, nur weil er laut geredet hatte […]. Ich erinnere mich, dass sie uns gleich, nachdem wir in der Kellerwohnung angekommen waren, sagten, dass uns die Europäer verkauft und uns jetzt die gekauft hätten, die uns dorthin gebracht haben. Sie gaben uns ein Handy, mit dem wir unsere Familien in China anrufen und ihnen sagen mussten, dass sie den restlichen Betrag zahlen könnten […]. Sie setzten uns unter Druck und sagten, wenn unsere Familien nicht schnell genug zahlen würden, würden sie uns weiterverkaufen und die Frauen müssten als Prostituierte arbeiten. Ich war noch eine Woche in den Räumlichkeiten in Bologna eingeschlossen, bis meine Eltern das Geld besorgt und nach Italien geschickt hatten. Dann setzten sie mich am Bahnhof aus.«*

* Ebenda, S. 48–49

Ermittlung und Strafe

Federico Frezza, bis heute Staatsanwalt in Triest, gehörte Ende der Neunzigerjahre bis in die Anfänge des neuen Jahrtausends der lokalen Bezirksdirektion zur Bekämpfung der Mafia an. Und genau in diese Zeit fiel die Jagd auf den berühmtesten Menschenschmuggler der Welt. Der Name Lončarić war, wie Frezza erzählt, erstmals Anfang der Neunzigerjahre im Zuge von Ermittlungen der Staatsanwaltschaft Foggia aufgetaucht: in einem Verfahren wegen Mordes und Begünstigung illegaler Einwanderung. Nach einer der immer neuen Tragödien im Mittelmeer werden Ermittlungen aufgenommen: Auf einer Überfahrt hatten mehrere Flüchtlinge ihr Leben verloren. Die festgenommenen Kapitäne nennen den Namen »Josip Lončarić«. Sie behaupten, er habe das Motorboot für die Überfahrt gechartert. Aber er ist Kroate. Und ein Kroate, der Überfahrten von Albanien nach Apulien organisiert, scheint der Staatsanwaltschaft eine falsch gelegte Spur. Sicherlich handele es sich um einen Fantasienamen. Wären die Ermittlungen damals in dieser Richtung weitergeführt worden, hätte man festgestellt, dass sich hinter der Tragödie tatsächlich unser Lončarić verbarg. Das Geschäft auf dieser Route lag in seiner Hand. Es steckte damals noch in den Kinderschuhen, vielleicht hätte man seine Karriere also gleich in den Anfängen erstickt. Doch es kam anders. Lončarić konnte ungestört weiter seinen Geschäften nachgehen. »Dass gegen ihn kein Strafverfahren angestrengt wurde, zeigt nicht nur, dass dem Phänomen der Einwanderung damals kaum Beachtung geschenkt wurde, sondern auch, wie schwierig es ist, die kriminelle Lieferkette von dem kleinen

Schleuser – in diesem Falle den Kapitänen – bis zu den Organisatoren zurückzuverfolgen«, erläutert Federico Frezza. Damals galt die illegale Einwanderung nämlich noch nicht als organisiertes Verbrechen, ähnlich wie die Mafia. Über Schleuserringe wusste man noch wenig; Ermittler, die die Mafia bekämpfen sollten, kümmerten sich nicht um derartige Vergehen. Erst der untrügliche Spürsinn der Ermittler, unter anderem der Staatsanwaltschaft in Triest, bei der Untersuchung der Schleusergeschäfte von Ločarić führte dazu, dass sich die Ermittlungsmethoden gegen das Schleuserwesen und Menschenschmuggler in Italien radikal veränderten. Denn im Grunde handelte es sich dabei um organisierte Kriminalität, und darum mussten die eingesetzten Instrumente dieselben sein wie im Kampf gegen die Mafia. Aber es sollte bis 2009 dauern, bis der Spürsinn der Ermittler seinen Niederschlag im italienischen Strafrecht fand: mit dem Gesetz 94, Eilbestimmungen im Sicherheitsbereich*, vom 15. Juli. Den Artikel 416, 6 des italienischen Strafgesetzbuches über kriminelle Vereinigungen ergänzt seitdem eine Bestimmung zur Bildung einer kriminellen Vereinigung zum Zweck der Begünstigung von illegaler Einwanderung. Letztere galt zwar auch schon zuvor als strafbare Handlung, doch erst mit Einführung des neuen, unabhängigen Tatbestands »Bildung einer kriminellen Vereinigung zu diesem Zweck« fiel das Schleuserwesen in die Zuständigkeit der Bezirksstaatsanwaltschaften zur Bekämpfung der Mafia. Bis dahin konnten allerdings ungezählte Schleuser fast ungestört ihren Geschäften nachgehen und Millionen scheffeln.

* Disposizioni urgenti in materia di sicurezza

Frezza und sein damaliger Chef, Nicola Maria Pace, ahnten schon ein Jahrzehnt vor der Gesetzesänderung, wie die Schleuserringe tatsächlich agierten. Die Staatsanwälte nutzten ihre Erfahrungen aus der Bekämpfung der Mafia für Ermittlungen in einem Bereich, der damals noch als zu simpel für ihre Kompetenzen galt, und konnten so den Schleuserring von Lončarić zerschlagen. In zwei Prozessen wurde Lončarić in Abwesenheit verurteilt: im ersten Prozess zu sechs Jahren Haft wegen Bildung einer kriminellen Vereinigung und Begünstigung illegaler Einwanderung, im zweiten Prozess dann wegen desselben Straftatbestands sowie Entführung und Erpressung zu vierzehn Jahren Haft. Der Kroate gilt in Italien noch heute als flüchtig, wird seine Strafen aber wohl nie verbüßen. Das Triester Ermittlerteam hat sich nicht mit den Kapitänen, den kleinen Schleusern zufriedengegeben, die nur das letzte Glied einer langen Kette sind. Sie wollten die Männer an der Spitze, selbst wenn die geeigneten Rechtsbestimmungen fehlten. Doch die Macht von Mister Lončarić und seinem Netzwerk konnten sie nicht brechen.

Einige Jahre nach den Ermittlungen der Triester Staatsanwaltschaft, 2006, verriet Nicolò Pollari, der damalige Geheimdienstchef selbst, dass man dem SISMI (Servizio per le informazioni e la sicurezza militare) eine »Entführung« des flüchtigen Kroaten vorgeschlagen habe: eine »extraordinary rendition«, eine außerordentliche Auslieferung, wie die Amerikaner sagen. Der hochgefährliche Schleuserboss war ja immer noch auf freiem Fuß, obwohl er in Italien zu fast zwanzig Jahren Gefängnis verurteilt war. Man schlug dem italienischen Geheimdienst daher vor, den Gesuchten festzunehmen und von

Kroatien in ein Nachbarland zu bringen, das einer Auslieferung positiver gegenüberstand. Ein Menschenhändler auf der Flucht und Geheimdienste, die sich an seine Fersen heften: Das klingt nach amerikanischem Spionagethriller, ist aber die raue Wahrheit. Der Geheimplan wird allerdings nicht umgesetzt. Eine illegale Festnahme lehnt man ab. Lončarić verschwindet, wieder einmal. Seine Spuren verlieren sich im Nichts. Er löst sich in Luft auf.

Der Kroate verschwindet aus dem Blickfeld von Polizei und Staatsanwaltschaft, sagt Frezza, der übrigens annimmt, dass Lončarić nach wie vor in Kroatien lebt. Wer weiß, vielleicht sogar in seiner Geburtsstadt. Die Statthalter, die ihn seit 2000 beerbt haben, ließen sich allesamt schnappen und landeten, meist wegen Drogenhandel, im Gefängnis. Er aber nicht. Er ist von der Bildfläche verschwunden, abgetaucht und agiert aus der Deckung heraus, über Strohmänner. Ihn kriegt man nicht zu fassen. Eigentlich existiert er gar nicht mehr.

Eine lange kriminelle Karriere

Wir haben uns auf Spurensuche begeben: Unsere lange Reise hat uns zunächst in die Tiefebene von Čakovec geführt, dorthin, wo er zur Welt kam und seine ersten Schritte als Menschenschmuggler unternahm. Wir haben mit den Leuten dort gesprochen und Polizisten, Staatsanwälte und Journalisten befragt. Nichts. Nichts als vage Erinnerungen, längst verstaubte Hinweise, unscharfe, vergilbte Bilder. Sonst nichts. Die Zeit und das Vergessen haben ihm in die Hände gespielt. Anfang der Neunzigerjahre war die Tiefebene von Čakovec eine trostlose

Heidelandschaft mit wenigen Dörfern, in denen die Menschen vor allem Landwirtschaft und Viehzucht betrieben. Eine verlassene Gegend an der Grenze zu Slowenien. Auf den Wald- und Bergpfaden zwischen den beiden exjugoslawischen Staaten wimmelte es nachts vor Menschen. Und je besser einer die Pfade kannte, desto sicherer konnte er die Leute hinüberführen.

In dieser Grenzregion beginnt der Aufstieg von Josip Lončarić: Mit sechzehn Jahren war er in seinem verschlafenen Heimatdörfchen Tmovec auf die Ladefläche eines Kartoffellasters gesprungen und hatte seinem Dorf den Rücken gekehrt. Ehe Lončarić zum größten Schleuser des 20. Jahrhunderts wurde, arbeitete er lange in Kroatien, Slowenien, Italien und Ungarn. Er kutschiert erst Obst und Gemüse durch die Gegend, dann fährt er Taxi, mit Standort Ljubljana. So lernt er die Region kennen. Mobilität und Kenntnis von Land und Leuten sind Grundvoraussetzungen in seinem Geschäft. Irgendwann bergen die Grenzen für ihn keine Geheimnisse mehr. Es ist ein Schicksal, wie es im Buche steht. Schleuser wie Lončarić, die über den Beruf als Lkw-Fahrer ins Geschäft einsteigen, fahren vielleicht mehrmals wöchentlich über die Grenze. Sie haben Gelegenheit, engere Beziehungen zu Zollbeamten zu knüpfen, die Dienstpläne kennenzulernen und herauszufinden, wer am »gefügigsten« oder »nachlässigsten« ist: wer im Dienst schläft und wer so integer und unbestechlich ist, dass man mit ihm nichts anfangen kann.

Lončarić ist heute beinah sechzig Jahre alt – und für die junge, aufstrebende Schleusergeneration ein Mythos. Ein Held, der sich wie aus dem Nichts ein illegales Imperium aufgebaut hat und damit Abermilliarden alte Lire verdiente, die er für schöne Frauen und dicke Wagen verprasste oder in legale Geschäfte und Immobilien in Kroatien, Slowenien, Österreich und Ungarn investierte. Schon zu Anfang seiner illegalen Tätigkeit schleuste Lončarić Tausende von Flüchtlingen ein. Und machte Millionenumsätze. Er besaß Privatflugzeuge. »Partner« und Mitarbeiter auf der ganzen Welt. Sogar in China. Er hat auch eine Chinesin geheiratet. Eine gute Partie: Wang Xuemei oder Gloria, wie sie sich in Italien nannte, war die Tochter von einem Triadenboss, der jedes Jahr Hunderte seiner Landsleute nach Europa einschleuste.

Das Netzwerk von Lončarić setzte sich aus mehreren kriminellen Banden zusammen. Er, der Kroate, arbeitete gemeinsam mit Slowenen, Italienern, Chinesen, Philippinen, Bangladeschi, Rumänen und Albanern. Jeder hatte dabei seine ureigenste Aufgabe. Doch ohne seinen Beitrag wäre das Geschäft zusammengebrochen, ohne ihn wäre nichts weitergegangen. Er war der Boss. Der immer und überall präsent war und alle Phasen des Geschäfts kontrollierte. Seine besondere Gabe? Reden und Kooperieren: mit kriminellen Vereinigungen verschiedenster Länder. Und ein Krimineller, der mit so vielen Organisationen redet und kooperiert und dafür sorgt, dass alle von ihm abhängig sind, der ist der geborene Boss. Er ist zur Nummer eins bestimmt.

Carpe diem

Manchmal wird man wie von selbst zum Schleuser, zu jemandem, der Männer und Frauen illegal und gegen Bezahlung über die Grenze bringt. Die Gelegenheit oder vielmehr die Gelegenheiten machen den Schleuser. Vor allem, wenn man hoch motiviert ist und Situationen für sich zu nutzen versteht. Der Schritt vom Taxifahrer zum Schleuser kann manchmal klitzeklein sein. Und einträglich. Im Gegensatz zu vielen anderen illegalen Tätigkeiten gerät man in dieses Gewerbe oftmals durch zufällige Umstände oder Begebenheiten, die auf den ersten Blick völlig bedeutungslos scheinen mögen. Allerdings müssen die Bedingungen stimmen: Man muss zur richtigen Zeit die richtige Person am richtigen Ort sein. Oft beginnt der kriminelle Bildungsprozess damit, dass man zufällig jemandem begegnet, der zum »Lehrer«, zum Vorbild wird. Man erlernt die Techniken, die man zur Durchführung einer Straftat braucht, man erkennt die Motivation, die dahintersteckt, und macht sich den fremden Ehrgeiz zu eigen. In der Kriminologie könnte man das »Kriminelle *éducation sentimentale*« nennen. Ein Schleuser braucht vor allem einen »Lehrer«. Und der hieß für viele eben Josip Lončarić. Anschließend ist es dann die persönliche Fähigkeit, sich zu »vernetzen« und Verbindung zu anderen Schleusern und bestimmten Kreisen aufzunehmen, die über den persönlichen Erfolg bestimmt. Es ist ein »sozialer Domino-Effekt«: Wer eine, wenn auch nur kleine Straftat begeht, kann dabei möglicherweise Beziehungen zu organisierteren kriminellen Aktivitäten aufbauen. Die Neulinge, durch die sichere Einnahmequelle verführt, lernen dann dazu, werden zunehmend autonomer und gehen schließlich ihren eigenen »kriminellen Weg«.

Aber wie schaffen es die einzelnen kleinen Schleuser, eine kriminelle Vereinigung aufzubauen? Wie kommt man vom »Do it yourself« zur organisierten Kriminalität? Wer seine Stellung als kleiner Mitläufer aufgeben und eine eigene Gruppe und somit eine Rolle auf oberster Ebene übernehmen will, braucht dazu, abgesehen von Fähigkeiten im Schleuserhandwerk, soziale Kompetenz. Das vorherrschende Modell ist dabei das Netzwerk – für das man sich nicht entscheidet; man richtet sich nach den Gegebenheiten. Anpassungsfähigkeit, Reaktionsschnelligkeit, flexible statt starrer Beziehungen, auch ohne direkten Kontakt, bilden die DNA eines geschmeidigen Organisationsmodells, das sich gegen Abhör- und andere Maßnahmen von Polizei und Staatsanwaltschaft als äußerst widerstandsfähig erweist. Rollen sind dabei leicht austauschbar, blitzschnell kann sich das Netzwerk verändern und umstrukturieren. Je dynamischer, mobiler und anpassungsfähiger ein Business-Modell auf Umweltreize reagiert, umso eher wird es von Organisationen genutzt und zum Siegermodell gekürt.

Die ersten Mitarbeiter von Lončarić haben genau so angefangen: Mit einem klapprigen Lkw transportierten sie Obst und Gemüse von Slowenien nach Italien und umgekehrt. Und überquerten dabei völlig legal mehrmals wöchentlich die Grenze. Irgendwann ließen sie dann die Kartoffeln liegen und luden Menschen auf. Menschen, die nach Europa wollten.

Es ist geradezu eine mathematische Formel: Man besitzt kriminelle Fähigkeiten – eine allerdings nur hinreichende, nicht notwendige Bedingung – und Ortskenntnisse der Gegend, in der man tätig werden will, und weiß zudem, wie man eine gegebene Situation optimal für sich nutzt: einen löchrigen Grenzübergang, eine unübersichtliche Grenze. Ein Taxi oder einen Lkw, den man fährt. Eine exklusive Beziehung zu einem Zollbeamten. Auch ein Krieg, eine Revolution, eine humanitäre Krise können solch eine Gelegenheit sein, wenn man sie richtig zu nutzen versteht. Ein Schleuser muss vor allem die Gelegenheit erkennen und beim Schopfe packen.

Lončarić hat genau das getan. Er hat die Chance ergriffen, die ihm das Leben zu Füßen legte. Einen Beruf, Kenntnisse im Warentransport. Eine öde Gegend, aus der jeder nur abhauen will. Nach dem EU-Beitritt Kroatiens hat sich die Region, jahrelang Hochburg der illegalen Einwanderung, zwar verändert. Vielleicht ist sie heute wirklich weniger abweisend. Aber eine grundlegende Trostlosigkeit ist ihr geblieben.

Alle in dieser Gegend, die Lončarić gekannt oder von ihm gehört haben, berichten, dass er einen außergewöhnlich guten Riecher besaß. Mit untrüglichem Gespür baute er eine Art Holding auf, die die gesamte Reise des Flüchtlings organisierte. Am Anfang seiner Karriere widmete sich Lončarić, wie Frezza erläutert, nur einem Glied der Kette. Erst der Kontakt mit den Chinesen hat ihm die Augen geöffnet; er erkennt, dass er genauso gut den gesamten Prozess kontrollieren, also an Geld und Macht gewinnen kann. Schon bald ist er der Boss und kann den Preis bestimmen. Als sein Unternehmen wächst, setzt er auf der oberen Ebene Statthalter ein, mit denen er eng zusammenarbeitet. Zwei, drei, nicht viel mehr. Und seine Frau gehört immer dazu. So wird er zum Zentrum eines immer größeren Netzwerks: Er koordiniert verschiedene kriminelle Banden und Fähigkeiten. Viele Mitglieder seines Netzwerks kennen ihn noch nicht einmal. Doch über seine Statthalter pflegt er Kontakte zu den Bossen der Organisationen, mit denen er kooperiert. Zu den Flüchtlingen, zur Ware »Mensch«, hat er seit Ende der Neunzigerjahre keinen direkten Kontakt mehr. Er macht sich die Hände nicht mehr schmutzig. Er bleibt im Hintergrund, im Schatten. Er verteilt die Aufgaben. Und hält still. Nur selten telefoniert er.

Tomo Fodor, der lange für die Einschleusung der Flüchtlingen aus Bangladesch nach Italien zuständig war, erzählt, dass Lončarić schon früh die strategisch wichtige Schmugglerroute über Kiew übernommen habe. Dort kam jeder vorbei, der nach Italien wollte. Lončarić führte für kleine und große Organisationen – Philippinen, Bangladeschi, Chinesen, Rumänen – Aufträge aus und vergab die Arbeit bei Bedarf an Untergruppen, besonders an Slowenen und Italiener. Aber er blieb das unverrückbare Zentrum und lenkte das Geschäft. Tomo war mehrmals in der Luxusvilla von Lončarić in Čakovec, hatte allerdings dabei mehr mit Gloria, Lončarićs Frau zu tun. Er traf die beiden zu einer Zeit, als sie im kriminellen Geschäft »Karriere« machten. Er beschreibt, wie das Geschäft der Frau ablief: Gemeinsam mit ihrem Bruder organisierte sie von China aus die Einschleusung der Flüchtlinge nach Italien. Lončarićs Schwager warb die Flüchtlinge an und kümmerte sich um die erste Etappe, die Reise nach Europa. Ab der Ukraine war dann Lončarić zuständig, der die gesamte Reise auch vorfinanzierte. Die rechte Hand des Kroaten war damals, so erinnert sich Tomo, ein gewisser Billy, der für seinen Chef die Gelder einsammelte, Löhne auszahlte und sich gelegentlich nach Montenegro oder Albanien begab, um den Menschenhandel dort zu regeln. In Tirana hatte die Fluggesellschaft von Lončarić nämlich eine wichtige Niederlassung.*

* Ebenda, S. 41

Das Handwerkszeug

Beförderungsmittel, Waffen, Satellitengeräte, Telefone mit ausländischen SIM-Karten, sichere Unterkünfte, falsche Dokumente und getürkte Kreditkarten, Bargeld. Angeborene Fähigkeiten und das Glück, zur richtigen Zeit am richtigen Ort zu sein, mögen im Schleusergeschäft unverzichtbar sein, doch ohne ein gewisses Equipment geht es nicht: Wenn man in dem Bereich ein kriminelles Unternehmen gründen will, braucht man das passende Handwerkszeug, sozusagen eine Grundausstattung. Dabei ist es nicht immer leicht, über all die Ressourcen gleichzeitig zu verfügen. Es empfiehlt sich also, mit anderen Schleusern zu kooperieren. Das flexible Netzwerk ist mit Abstand das Siegermodell.

Schiffe und Schlauchboote, Lkw und Geländewagen – wir haben sie alle auf unserer Reise gesehen. Je nach Route braucht man schließlich unterschiedliche Fortbewegungsmittel. Einige kann man sich ziemlich leicht beschaffen, sogar recht günstig. Ein Mann, der zwei oder drei Fischkutter sein eigen nennt, ist da natürlich für einen Schleuserring schon von Interesse. Und logischerweise muss er zu denen gehören, die an dem Menschenschmuggel am meisten verdienen. Lončarić besaß mehrere Autovermietungen, also verschiedene Fahrzeuge, die er mit Fug und Recht jederzeit nutzen konnte. Außerdem gehörten ihm mehrere kleine Fluggesellschaften in Albanien und Mazedonien.

Schleuser sind normalerweise keine Heißsporne, die den Finger sofort am Abzug haben, aber wer große Flüchtlingsgruppen managen, kontrollieren und hinhalten muss, lebt nicht ungefährlich. Darum begegnet man nicht selten Schleusern mit dem Gewehr über der Schulter. Wir haben es mit eigenen Augen gesehen.

Als Schleuser braucht man außerdem gefälschte Papiere und getürkte Kreditkarten: Nur so kann man ja gewisse grundlegende Dienstleistungen für die kriminelle Firma einkaufen. Wir erwähnten schon Muscharaf, seine afghanischen Partner und seine krakenartige Organisation. Wie aus dem Antrag auf Sicherheitshaft hervorgeht, beschaffte sich seine Organisation gefälschte Dokumente bei einer neapolitanischen Fälscherbande. Kostenpunkt: 500 Euro pro »Paket«, mit Personalausweis, Reisepass und Aufenthaltserlaubnis. Und damit nicht genug: Muscharaf und sein Netzwerk griffen auch auf Dienste von Spezialisten zurück, die Kreditkarten klonen. Auf diese Weise erschlichen sie sich bei *Trenitalia* »kostenlose« Zugfahrtkarten für ihr Geschäft.

Ein wahrer Schleuser weiß außerdem genau, wo er seine Kunden auf der Reise unterbringt. Man braucht nämlich einen sicheren Hafen, wo man die Flüchtlinge »verstaut«, wo sie sich wenigstens ein bisschen aufwärmen und ein paar Happen essen können, wo sie warten können, bis es endlich weitergeht. Einen Ort, wo man letzte Instruktionen erteilt und seinen Kunden von Angesicht zu Angesicht gegenübersteht. Hotels, Baracken, Privathäuser: Das alles kann man gebrauchen. Allerdings sollte man sich rechtzeitig darum kümmern.

Der Moment der Rechenschaft

Unsere Reise, unsere »Schleuserjagd« führte uns zunächst auf die Pfade der Karstlandschaft zwischen Italien und Slowenien, den letzten Teil der Balkanroute. Und später in viele andere europäische Länder, unter anderem die Mittelmeerländer: das Epizentrum des Flüchtlingsgeschäfts. Auf den Spuren von Lončarić begegneten wir wiederum anderen, die inzwischen in seine Fußstapfen getreten sind. Wir lernten auf unserer Reise zu Land und zu Wasser kleine und große Schleuser kennen, wir schüttelten ihnen die Hände und blickten ihnen geradewegs in die Augen: Manche saßen im Gefängnis, andere bewegten sich frei im Gewühl einer Großstadt und gingen ihren Geschäften nach. Wir beobachteten Gesichter, hörten uns Geschichten und Erzählungen an, Beschuldigungen und Selbstabsolutionen, wir zeichneten Stimmen und beredtes Schweigen auf, trafen die Kunden der Schleuser und fügten schließlich Mosaiksteinchen um Mosaiksteinchen zusammen, bis sich für uns ein klares Bild ergab: das der größten durchorganisierten illegalen Reiseagentur der Welt. Ein Netzwerk, ein System, ein globales Geschäft. Eine komplexe illegale Firma mit eigenen Regeln, deren Dienstleistungen in unserem Jahrtausend, in dem reiche und arme Länder immer weiter auseinanderdriften, zunehmend gefragt sind. Während das alte Europa endlos über die richtigen Instrumente zur Eindämmung des Problems diskutiert, Verantwortlichkeiten hin und her schiebt und Länder wie Italien bei der Bewältigung des Ausnahmezustands allein lässt, profitieren Leute wie Lončarić, Leute mit den passenden kriminellen Qualitäten davon, dass die Kluft zwischen Arm und

Reich immer größer wird. Sie werden immer reicher, immer mächtiger und bauen ihre kriminelle Karriere ungestört aus. Die allerdings wie alle Karrieren irgendwann an ein Ende gelangt.

Das Ende von Lončarić sieht allerdings nicht so aus, wie man es sich vielleicht erhofft oder vorstellt: Der Bösewicht landet zu guter Letzt nicht im Gefängnis. Nein, Lončarić stellt das Geschäft ein, weil er es so will. Er beschließt, von der Bühne abzutreten. Und sein Geschäft ruhen zu lassen. Denn nur die wirklich »Großen« wissen, wann es Zeit ist, aufzuhören: wie ein Künstler oder Boxweltmeister, der die Gitarre oder die Boxhandschuhe ein für alle Mal an die Wand hängt, noch ehe er in einem berühmten Solo den falschen Ton trifft oder nach einer Rechten zu Boden geht, die er früher pariert hätte. Lončarić ist ein gewiefter Boxer, ein begnadeter Künstler. Er weiß, wann es Zeit ist, zu gehen. Er steigt nicht noch ein letztes Mal in den Ring. Er muss darum auch niemandem Tribut zollen oder wenn, dann nur einen lächerlichen: Was ist schon ein Jahr Knast, wenn man dafür weiterhin das Zepter eines illegalen Riesenreiches in der Hand hält? Er gibt das kriminelle Leben einfach auf und lässt sich nicht erwischen. Niemand kann sich dem berühmtesten Menschenhändler Europas entgegenstellen. Niemand darf es wagen, Josip Lončarić ins Gefängnis zu werfen. Sein letzter Akt, ehe er die Bühne verlässt, ist darum ein vergifteter Pfeil, mit dem er ausgerechnet vom Gefängnis heraus auf Frezza zielt: »Pass bloß auf, du spielst mit dem Feuer«, zischt er drohend. Dann verglüht er selbst wie ein Feuer, ohne Spuren zu hinterlassen.

GEGENÜBER VON LAMPEDUSA

Die Flüchtlingsfischer

Im Sommer geht die Sonne auf den Kerkenna-Inseln erst spät unter, zögernd nur werden die Schatten länger, und noch lange streicht angenehm wärmende Luft über die ledrige Haut der Fischer. Doch dann weht endlich eine frische Abendbrise herüber, und die Nacht bricht herein. Nun schlägt die Stunde der Geschäfte.

Es riecht nach Fischernetzen, die Holzboote knirschen an der Mole. Eine Katze miaut in der Dunkelheit. Das Café mit Meerblick hat längst geschlossen, im Laubengang Tische mit hochgestellten Stühlen. Das Dorf heißt El Attaya und liegt am östlichsten Zipfel der Insel Chergui. Wir befinden uns im Osten Tunesiens, gegenüber von Sfax. Vor uns liegt die kleine Insel Gremdy. Auf den Kerkenna-Inseln gibt es wenig Polizei, seit Ende der Revolution vielleicht noch zwanzig Beamte. Abgesehen davon, dass sie hier nicht gut gelitten sind, braucht man sie auch nicht. Hier existieren andere Formen der sozialen Kontrolle und öffentlichen Ordnung. Mit eigenen Gesetzen und eigenen Sheriffs.

Von Sfax aus erreicht man die Inseln mit der Fähre: Die altersschwachen Schiffe fahren täglich zehn Mal. Viele Tunesier besitzen ein Ferienhaus auf Kerkenna, die Touristen sind also Einheimische, sieht man von einigen Engländern und Franzosen ab. Das Außergewöhnliche an Kerkenna sind die Gezeiten, die die Inseln und das Meer ständig verändern. Die Leute hier nennen es das »tote Meer«, wenn sich das Wasser sechs Tage lang Hunderte Meter weit, an manchen Stellen sogar kilometerweit zurückzieht. Wer nicht weiß, wo im Meer die seichten Stellen sind, läuft wie ein Grünschnabel auf Grund.

Die meisten Leute hier leben vom Fischfang: Die Garnelen, Goldbrassen und Saisonfische sind berühmt – und sogar in den besten Restaurants von Tunis begehrt. Der Rest der Bevölkerung ist von Petrofac und British Gas abhängig. Ja, im Meer vor der Inselgruppe und sogar auf dem Festland gibt es Ölförderanlagen.

Dann wäre da noch die andere Branche, die mit hereinbrechender Dunkelheit zum Leben erwacht. An einem Nachmittag im Juni 2013 erzählt uns jemand davon, der das Geschäft kennt: weil er seit Jahren mitmischt. Er raucht eine Zigarette nach der anderen. Seinen wirklichen Namen kann man hier in Kerkenna unmöglich nennen, seinen Spitznamen allerdings auch nicht, sonst würde man nämlich sofort wissen, wer gemeint ist. Hier heißt er darum Emir.

Er hat große, knotige Hände und auch Füße. Er braucht Schuhgröße fünfzig und findet keine Gummistiefel, darum trägt er selbst im Winter Sandalen – wenn es so beißend kalt ist, dass die Hände das Steuer kaum halten können. Seine dunklen, unergründlichen Augen sind von Sonne und Wind gerötet. Seine Haare lockig, ziemlich lang und zerzaust. Er hat breite Schultern, einen vollen Bart und einen gezwirbelten Schnurrbart.

Emir fällt auf. Er spricht bedächtig und schaut einem dabei direkt in die Augen. Er ist verheiratet, hat sechs Kinder, fährt seit fünfunddreißig Jahren raus aufs Meer und hat scharenweise Flüchtlinge nach Italien gebracht.

Emirs System funktioniert so: Seine Kunden (junge Tunesier, Algerier, einige aus dem Tschad) blättern das Geld vorher hin, aber seine Mitarbeiter werden erst bezahlt, wenn der Kapitän das Okay gegeben hat: »Alles klar, wir sind in Lampedusa.«

Es gibt drei Typen von Mitarbeitern: den Koordinator für die Organisation, der die Gruppe zusammenstellt, die richtigen Leute schmiert und das System am Laufen hält. Auf dem Wasser dann den Kapitän und seinen Adjutanten. Und schließlich die Mitarbeiter an Land – sozusagen die Verkaufsagenten –, außerdem verschiedene Freelancer, die bei Bedarf angeheuert werden.

Emir ist Kapitän und Koordinator in einem, während seine Kollegen hier in Kerkenna »nur« Kapitäne sind. Sie beschränken sich auf das, was sie am besten können: nämlich ein Boot steuern. Nachts mit ausgeschalteten Lichtern aus dem Hafen von El Attaya fahren, ohne auf Sand zu geraten, bis sie den »Fluss« Nummer vier erreichen, den Priel mitten durchs seichte Wasser, und das Ruder dann genau nach zwölf Meilen auf fünfundvierzig Grad einschlagen und aufs offene Meer zuhalten. Das können sie, weil sie seit Kindheitstagen nichts anderes tun: Sie sind Fischer. Weil sie für die köstlichen Garnelen, die sie aus dem Meer vor Kerkenna holen, am Hafen gutes Geld bekommen. Die gehen dann geradewegs nach Djerba oder Tunis. Sie können das Ruder unerbittlich in der Hand halten, wenn der Motor keucht und ächzt und die Wellen immer höher schlagen; ja, das können die Kapitäne. Sie können ein Boot fahren, und wer nach Lampedusa will, der muss ein Boot fahren können. Wer fischen oder bis nach Italien die Wellen durchpflügen will, der muss wissen, wo die *rivières*, die Priele sind. Der erste Priel heißt Ouad Mimum, der führt aus dem Hafen heraus und wieder hinein. Wenn man den nicht erwischt, läuft man leicht auf Grund. Die guten Schleuser kennen die Priele wie ihre Westentasche – aber die Möchtegerne-Schleuser nicht. Darum sieht man so viele Boote schräg auf der Seite liegen, wenn sich das Wasser zurückzieht. Emir fährt sogar im Stockdunkeln durch die Priele, dann, wenn man die Bodenfärbungen nicht sieht. Dann braucht man ein gutes Ohr, man muss dem Meer lauschen. Wenn man nachts fischt, machen die Schwärme nämlich Geräusche; so weiß man, wo das Meer flach ist.

Wir haben uns nach Kerkenna, gegenüber von Lampedusa, aufgemacht, dorthin, wo die »Verzweiflungsfahrten« starten, weil wir die andere Seite der Medaille kennenlernen wollten, die eher unbekannte Seite der illegalen Einwanderung. Hinter den unzähligen Schiffen, die in Lampedusa ankommen, den Wracks am Meeresgrund und den sechsspaltigen Aufmachern in unseren Tageszeitungen verbirgt sich nämlich noch eine andere Geschichte. Eine Geschichte, die ihren Anfang nimmt, wenn die der Opfer endet. Die erst beginnt, wenn die Schicksalswürfel gefallen sind, die italienische Küstenwache das Schiff vor Anker gehen lässt und die verschreckten und erschöpften Flüchtlinge erleichtert aufseufzen. Dann hat jemand kilometerweit weg – der dem Schiff bei der Abfahrt noch hinterhergeschaut hat – ein gutes Geschäft gemacht. Wir haben uns nach Kerkenna aufgemacht, um mit diesem jemand zu sprechen. Er war bereit, zwei Tage mit uns zu verbringen. Und zu reden.

Ein Traum, zum Greifen nah

Schon früher haben Schiffe von Tunesien aus nach Lampedusa abgelegt: Die Insel liegt ja direkt gegenüber, zum Greifen nah. Doch dann, während der Jasminrevolution 2010–2011, reißen die Flüchtlingswellen nicht mehr ab. Die Menschen fliehen in Scharen, alle wollen zur Küste: Wer immer ein Fischerboot besitzt, kann einen vielleicht nach Italien bringen. Wie etwa Emir, der in den ersten Monaten 2011 jede Menge Leute nach Lampedusa fährt. An manchen Februartagen in jenem Jahr kommen dort Tausende Verzweifelte an. Tunesien »spuckt« Flüchtlinge aus. In Libyen legen zwar auch Schiffe ab, aber die beliebtesten Abfahrtorte bleiben Sfax, Kerkenna, Zarzis und Djerba. Dank chaotischer Zustände und fehlender Polizeikontrollen konnte sich damals manch einer eine goldene Nase verdienen.

Wie die Fondazione ISMU* in ihrem jährlichen Bericht zur Flüchtlingssituation festhält, landeten 2011 452 Boote und somit 59 Prozent aller Boote jenen Jahres in Lampedusa, Linosa und Lampione, an Bord waren insgesamt 51.753 Personen. 519 der 760 Schiffe, die von Januar bis Dezember an der italienischen Küste ankamen, waren in Tunesien gestartet. Viele davon in Sfax oder Kerkenna. Ihr Kapitän hieß häufig Emir.

* Istituto per lo Studio della Multietnicità, eine unabhängige Stiftung

2012 verschärfte die tunesische Polizei die Kontrollen, und die Strafen für Schleuser wurden härter. Seitdem haben Emir und seine Kollegen manch harte Nuss zu knacken.

Unser Schleuser will uns die Strecke nach Lampedusa zeigen. Wir gehen mit ihm und seinem Adjutanten an Bord. Emir besitzt einen Fischkutter mit 30-PS-Motor. Die Insel liegt vierundsechzig Seemeilen entfernt, bei ruhiger See erreicht man sie in zehn Stunden. Idealer wäre allerdings, wie Emir erläutert, ein Schiff mit 100-PS-Motor. Es ist acht Uhr in der Früh, vor dem Ablegen kaufen wir noch schnell Baguette, Thunfisch in Dosen, Wasser und Zigaretten ein. Drei Stunden später sind wir schon auf dem offenen Meer. Emir verschlingt sein Mittagessen, bekleckert den Schnurrbart mit scharfer Soße, indessen verschwindet sein Adjutant lautlos unter Deck und kocht für uns Kaffee. Emir ist nun in seinem Reich, seine Zunge löst sich, er hat Lust, zu reden. Erst einmal erklärt er uns aber, in welche Richtung wir fahren. Sein Finger geht zum Horizont: »Da ist Lampedusa.« Es scheint fast, als würde sein langer Arm die Insel berühren. Emir spricht arabisch, ein Dolmetscher übersetzt.

Wie ich die Flüchtlinge akquiriere? In Tunesien sind fünf Leute für mich unterwegs. Sie werben die Kunden: in Tunis, Sidi Bouzid und Djerba. Sie arbeiten, wo man sie kennt, sie müssen da zu Hause sein. Bei dem Geschäft muss für mich möglichst viel rausspringen. Nehmen wir einmal an, ein Schiff kostet 30.000 Dinar, circa 15.000 Euro, und es passen fünfzig Leute rein. Jeder Kunde zahlt 2000 Dinar. Der Kapitän, also ich, bekommt dann 7000 bis 8000 Dinar. Der Assistent 4000 bis 5000, je nach Fahrt natürlich. Von dem, was übrig bleibt, kriegt der Koordinator, also wieder ich, doppelt so viel wie alle anderen. Simpel, oder?

Während der Revolution 2011 war das hier der reinste Taubenschlag: Die Leute kamen von überall aus Tunesien; was sie besaßen, hatten sie verkauft. Alle wollten weg, alle wollten nach Lampedusa. Aber glaubt ja nicht, dass das so einfach ist. Man muss in dem Geschäft eine Menge Mut besitzen. Man darf keine Angst vor der Polizei oder dem Gefängnis haben. Erst einmal muss man sich ein Mitarbeiternetz aufbauen. Und die dürfen auch keine Feiglinge sein. Wer mutig ist, hat nämlich mehr Autorität und mehr Arbeit. Vor dir muss jeder Angst haben. Hier habe ich das letzte Wort, sonst gibt's Prügel, aber richtig, klar? Verhandeln ist mit mir nicht.

Die Kunden, die jungen Leute, die nach Italien wollen, kommen dann nach Kerkenna und bleiben dort ein, zwei oder drei Nächte, das hängt vom Meer ab. Ich verfrachte sie in eins der alten Häuser gleich außerhalb von El Attaya, in die mit den nackten Mauern und den Holzläden, die alle gleich aussehen. Die Gegend ist unbewohnt, dort lebt höchstens mal ein alter Fischer, der längst in Rente ist. Aber egal, hier weiß sowieso jeder Bescheid, mit den Bullen redet keiner. Die Miete für das Haus kostet ungefähr 150 Dinar im Monat. Das ist genau der Betrag, den die Kunden pro Bett und Nacht zahlen. Bei zwanzig Leuten kann ich also 100 Dinar pro Tag einstreichen. Dann ist da noch das Essen: Wer essen, trinken, Haschisch rauchen will, zahlt extra.

Für das Haus habe ich einen Mitarbeiter, der ist verantwortlich, für Wasser und Essen wieder einen anderen. Kein Bier, kein Alkohol, sonst gibt's nur Streit und Krach. Die Kunden dürfen das Haus nicht verlassen. Egal, was passiert. Manchmal bleiben sie auch eine Woche. Wenn einer kein Geld mehr hat, wird er rausgeschmissen, sein Pech, wenn er für seinen Aufenthalt, Essen und Unterkunft nicht zahlen kann. Keiner weiß, wann es losgeht. Das wissen einzig und allein wir, wir bestimmen das ganz allein. Wenn einer von denen das Geld für die Überfahrt hat, aber keins für die Wartezeit, dann war's das eben, dann schicken wir ihn in die Wüste. Schluss, aus. Die Kunden kommen zu fünft, allerhöchstens, mit der Fähre von Sfax. Wenn alle auf einmal kämen, würde noch jemand Verdacht schöpfen.

Die Polizei? Mich jedenfalls rühren die Bullen nicht an, sonst kriegen die Ärger. Die haben schließlich auch Familie, oder? Sie haben Angst. Hinterher haben sie gerade Feierabend gemacht und kriegen noch ein Messer zwischen die Rippen. Oder ihre Frau wird bedroht. Ich bin hier wer, so viel habt ihr kapiert, oder? Wenn die Bullen mitkriegen, dass wir gerade eine Überfahrt nach Lampedusa organisieren, und dann in dem Viertel auftauchen, dann sieht's schlecht für die aus. Die jungen Männer aus der Gegend rotten sich zusammen und beschmeißen sie mit Steinen, dann ist der Teufel los. Die jungen Leute hier halten zu mir, ich bin der Boss. Schließlich helfe ich den Jungen und nicht die Polizei, die hat nichts für sie übrig. Hier bestimme ich, und wenn einer nicht kuscht, dann hab ich auch meine Tricks.

Vor zwei Jahren informiert mich Mohammed, ein Mitarbeiter von mir, dass die Polizei im Anmarsch ist. Er schreit von der Mole herüber und wedelt wie wild mit den Armen. Ich hatte schon den Priel Ouad Mimum genommen, mit Flüchtlingen an

Bord. Raus aufs Meer konnte ich schlecht, zu hoher Wellengang. Da hab ich meine Kunden gepackt, einen nach dem anderen, die konnten sich sträuben, wie sie wollten, und hab sie ins Meer geschmissen. Jammert gefälligst nicht, hab ich gesagt, schwimmt lieber zur Insel Gremdy. In ein paar Stunden käme ich sie wieder einsammeln. Als die Bullen aufrauschten, war das Boot leer. Die hab ich ganz schön reingelegt, und die Überfahrt hat trotzdem noch super geklappt.

»Ich bin hier der Kapitän und du ein Nichts.«

Emir raucht viel, eine nach der anderen, selbst wenn er am Heck sitzt, das Ruder fest im Griff, und sein Boot steuert: zehn Meter Holzrumpf, blau gestrichen, mit Motorraum unterm Deck und ein wenig Platz für Riemen, Gerätschaften und natürlich Flüchtlinge.

In seinen Fischkutter passen, dicht gedrängt, bis zu vierzig Personen. Er ist schon oft in Lampedusa gewesen; die Flüchtlinge auszuladen, dauert gerade mal eine halbe Stunde, dann nimmt er wieder Kurs Richtung Heimat. Die Schiffsplanken knarren unter unseren Füßen. Als wir ablegen, schnauft der Motor gemächlich, dann knattert er fröhlich los, und wir lassen Kerkenna hinter uns. Heute hat das Boot nur geringen Tiefgang, es sind wenige Fahrgäste an Bord. Emir steuert das Boot mit einem Bein, das er über die Ruderpinne legt. In T-Shirt, Shorts, Sandalen, ausgelatscht von seinen großen Füßen. Seine dunkle, sonnengegerbte Haut wirkt nur im Gesicht ein wenig weicher. Er erzählt von haushohen Wellen weiter draußen, in internationalen Gewässern, von den Kunden, die heulen und kotzen. Dann muss er ihnen gut zureden, sie beruhigen. Während er weitererzählt, bedeutet er seinem Adjutanten, noch fünf Tassen von dem schönen türkischen Kaffee zu bringen, dem gefilterten. Als wir die *rivière blanche* erreichen, erteilt Emir Befehle: Der junge Mann springt auf und tut umgehend, was man ihm sagt. Später sagt er uns, viele auf der Insel würden ihn um seinen Job beneiden.

Emir fährt haargenau nach Plan. Bei guter See legt er um Mitternacht ab. Mit ausgeschalteten Lichtern erreicht er gegen drei Uhr morgens Priel Nummer vier. Dort hält er, wartet, schläft. Er verbringt einen ganzen Tag auf dem Schiff, bis er dann am Abend weiterfährt. Lampedusa erreicht er am nächsten Morgen um sechs. Insgesamt bleibt man also zwei Nächte, dreißig Stunden auf dem Meer. Dann kehrt er nach Kerkenna zurück. Wenn nichts dazwischenkommt: die Polizei, ein überraschender Sturm, überhitzte Gemüter.

Unter den Kunden bilden sich häufig Gruppen, manche kennen sich auch schon oder kommen aus demselben Dorf. Da kann dann leicht mal eine Schlägerei losbrechen. Keiner traut ja dem anderen über den Weg, sie streiten und bedrohen sich. Dann packe ich den an der Gurgel, der am meisten Ärger macht, schüttele ihn ein paar Mal, und wenn's sein muss, knall ich ihm eine, dann drohe ich ihm noch mal. Kurzum: Ich zeige ihm, wer hier das Sagen hat. In Italien können sie dann meinetwegen machen, was sie wollen, aber solange wir auf dem Schiff sind, diktiere ich die Regeln. Das müssen sie kapieren. Sofort. Bevor ich sie an Bord lasse, durchsuche ich sie, oft haben sie irgendwo ein Messer oder andere Waffen versteckt.

Die Schwarzafrikaner sind die Ruhigsten, schüchtern, still, sie halten sich abseits. Aber die Tunesier sind Heißsporne, oft Verbrecher oder Gauner aus Tunis oder dem Landesinneren. In ihrer Gegend oder ihrem Viertel markieren sie den Boss. Die beziehen sofort Prügel, anders geht es gar nicht. Die müssen sofort kapieren, wo es langgeht. Ich knall ihnen gleich zwei, dass es sich gewaschen hat.

Einmal ist mir ein Tunesier untergekommen, ein reizbarer Typ. Schon bevor es aufs Schiff ging, fiel meinem Assistenten auf, dass er eine Rasierklinge im Mund hat. Wozu die gut ist, wisst ihr ja? Wer sie im Mund behalten kann, ohne sich zu verletzen, holt sie, wenn's sein muss, blitzschnell mit der Zunge hervor und zieht sie seinem Gegenüber durchs Gesicht. Der Typ kam aus Gafsa, einer Stadt ziemlich in der Nähe, an der algerischen Grenze. Eine bettelarme Gegend. Er war vielleicht sechsundzwanzig, siebenundzwanzig Jahre alt, groß und kräftig, vor allem aber konnte er die Hände nicht bei sich behalten. Ich habe ihm gesagt, wenn du nicht Ruhe gibst, landest du im Wasser. Keine Reaktion. Also habe ich ihn an der Gurgel gepackt und ihm zwei Hiebe auf die Nase verpasst. Sie war gebrochen. Er blutete wie ein Schwein. Dann habe ich mir die anderen vorgenommen, sie angeschrien, dass ihnen das gleiche blühen würde. Das hat funktioniert. Plötzlich: die reinsten Lämmchen. Und der Typ blieb hübsch gefesselt und hat noch geflennt, als wir in Lampedusa ankamen.

Emir ist ein ruppiger Typ, den man aber zweifellos respektiert. Sein Leben verläuft jeden Tag gleich. Nur selten fährt er nach Remla, in die größte Stadt der Kerkenna-Inseln, lieber bleibt er in seinem Viertel. Über die Inseln, über Tunesien ist er noch nie hinausgekommen – abgesehen natürlich von den Überfahrten nach Lampedusa. Doch dank ihm haben seit 2007 mindestens tausend Leuten dem Land den Rücken gekehrt. Emir steht jeden Tag um 5.30 Uhr auf, verabschiedet sich von Frau und Kindern, nimmt sein Moped und fährt zum Hauptplatz im Viertel, zu seiner Bar. Dort trinkt er drei Tassen Filterkaffee, reißt seine erste Packung »Mars« auf, wechselt ein paar Worte mit befreundeten Fischern, die draußen an den Tischen sitzen. Gegen neun ist er am Hafen und überprüft sein Boot. Sein Adjutant ist längst an Bord und repariert die Ruderwinde: Hin und wieder blockiert sie, dann muss sie ausgebaut, geölt und wieder eingebaut werden. Emir frühstückt mit seinem Adjutanten, das Übliche: Baguette mit Dosenthunfisch und scharfer Soße. Und er raucht. Immer und überall.

In den letzten Jahren, nach der Revolution, ist das Geschäft um mindestens 80 Prozent zurückgegangen. Das liegt an den neuen repressiven Gesetzen, die die tunesische Regierung in puncto Menschenschmuggel erlassen hat. Jetzt wollen vor allem Verbrecher weg oder Leute, die Probleme mit der Polizei haben. Doch dem Schleusergewerbe droht keineswegs das Aus, schon gar nicht in Libyen, gleich nebenan.

Nicht nur Lampedusa

Was ist Lampedusa denn? Das Tor nach Europa, wie es heißt. Darum kommen hier manchmal Tausende von Booten an. Darum mühen sich so viele Schleuser an diesem Tor ab und schlagen – phasenweise – Breschen in die »Festung Europa«. Die

Phasen hängen dabei von den Ereignissen in Nahost und Afrika – Nord- und Schwarzafrika – ab: von Kriegen, Hungersnöten, humanitären Katastrophen. Lampedusa ist ein Fleckchen Erde am äußersten Rand des alten Kontinents: gut sichtbar und oft leicht zu erreichen. Wie eine Fata Morgana flimmert die Insel in der Luft. Für die irregulären Einwanderer und politischen Flüchtlinge ist sie der erste rettende Schritt, der Ankunftsort in Europa, aber auch Ausgangsort für die Weiterreise nach Nordeuropa.

Für die Schleuser dagegen ist Lampedusa eine Insel, die sich rechnet. Eine lohnende Mautstelle. Ein Fleckchen Erde, dank dem man im Geld schwimmt, und noch dazu günstig, in Nähe der Abfahrtshäfen gelegen.

Als die Geschäfte in Kerkenna, in Sfax und anderen tunesischen Häfen noch gut liefen, war »Lampedusa« für Emir und seine Kollegen das Losungswort. Wenige Stunden Überfahrt, und schon war man da. Doch dann kam die Flaute, und plötzlich waren die libyschen Schleuser, die die Vereinbarungen zwischen Rom und Tripolis und die Revolution zwischenzeitlich zur Untätigkeit verdammt hatten, wieder im Geschäft.

Ganz Nordafrika schaut auf Lampedusa, weil es nah ist, klar. Doch die Boote landen auch in Agrigent, Pozzallo oder Crotone. Und von Ägypten, beispielsweise Alexandria, sticht man ebenso ins Meer. Aber Lampedusa bleibt natürlich das Hauptziel.

Über kein anderes Tor nach Europa wird so viel berichtet wie über Lampedusa, für Journalisten und die Öffentlichkeit ist die Insel »die Meldung«. Doch die Medialisierung – mit ihrer Flut an oberflächlichen, sensationsheischenden Berichten, die nur das individuelle Unglück der Opfer beschreiben – trägt wenig dazu bei, die Rolle der Schleuser zu erhellen. Die Schlagzeilen, die gebetsmühlenartig wiederholt werden, geben keinem einzigen Toten seine Würde zurück und verraten uns nichts über das Geschäft der Menschenhändler: »Neue Tragödie in der Dunkelheit. Marodes Boot sinkt mit seiner Ladung von Verzweifelten.« Oder: »Polizei verhaftet zwei Schleuser: Sie organisierten die Todesfahrten« und so weiter. Die sich seit Jahren ähnelnden Berichte über Lampedusa zeichnen kein vollständiges Bild, weil sie nur einen Teil der Geschichte erzählen: nämlich ihr Ende. Die Landung.

Die Schleuser agieren dort, wo das Scheinwerferlicht nicht hinfällt. Oder besser gesagt *auch* dort. Die großen Fische gehen nur selten ins Netz, weil sie das Schlauchboot oder Schiff kaum mit ihren Kunden besteigen werden. Nach der Katastrophe vom 3. Oktober 2013 – als 366 Menschen vor der Isola dei Conigli ertranken – wiesen einige Zeitungen zaghaft darauf hin, dass die Opfer ja keine irregulären Einwanderer, sondern politische Flüchtlinge waren. Zu den Kunden der Schleuserringe und ihrer weitverzweigten Reisebüros gehören nämlich nicht nur Flüchtlinge ohne Einreisegenehmigung, sondern auch solche, die theoretisch nach Europa einreisen dürften. Doch vor Antritt ihrer lebensgefährlichen Reise können beispielsweise Somalier oder Eritreer kein politisches Asyl beantragen, weil es in Ländern wie Libyen, Ägypten oder Tunesien an Aufnahmestrukturen, aber häufig auch ganz allgemein an Demokratie und einem geeigneten Umfeld fehlt. Das heißt, auch wer es eigentlich gar nicht müsste, vertraut sich Menschenschmugglern an. Die noch dazu häufig gewalttätig sind.

Mohammed Elmi Muhidin, der vierundzwanzigjährige Somalier, den man nach der Katastrophe damals festnahm, wurde schließlich in Agrigent angeklagt: wegen Freiheitsberaubung zum Zweck der Erpressung und wegen Bildung einer kriminellen Vereinigung zum Zweck der Begünstigung von illegaler Einwanderung, Menschenhandel und sexueller Gewalt. Er behauptete, selbst Opfer eines Schleuserrings zu sein. Wiedererkannt hatten ihn übrigens Überlebende des Unglücks vom 3. Oktober. Drei Wochen später war er nämlich an Bord eines Bootes mit neunzig Flüchtlingen erneut in Lampedusa gelandet. Laut polizeilicher Zeugenaussagen hat die Organisation, zu der der Somalier gehörte, Dutzende Flüchtlinge aus dem Sudan und Libyen entführt, erpresst, gefoltert, die Frauen vergewaltigt und den Familien das Geld – Lösegelder von circa 3000 Dollar pro Kopf – im Voraus abgepresst, um die Überfahrt zum Tor von Europa zu organisieren.

Das Tor öffnete sich ebenfalls einen Spaltbreit, als al-Gaddafi die Boote als politischen Hebel nutzte, um so Druck auf Italien auszuüben: Die Boote legten ab, die Schleuser taten ihr Werk, und der libysche Revolutionsführer hielt die Hand auf. Er verlangte beträchtliche Summen als Gegenleistung für eiserne Kontrollen. Das Tor schloss sich schließlich wieder, als die Vereinbarungen ausgehandelt waren und al-Gaddafi den Exodus stoppte. Dabei waren seine eigenen Soldaten in das Schleusergeschäft verwickelt. Dieselben, die die Überfahrten vorher organisiert hatten, kontrollierten später, ob auch ja kein Boot das Land verließ.

Früher wimmelte es wegen des arabischen Frühlings auf den Routen von Tunesien, Libyen und Ägypten nach Lampedusa vor Booten. Heute sind es dagegen die instabile, unsichere Lage in Libyen, libysche Soldaten, die das Gebiet kontrollieren und den Menschenschmuggel zulassen, sowie die harten Strafen für Schleuser in Ägypten und Tunesien, die zu den anschwellenden Flüchtlingsströmen in Lampedusa führen.

Doch es gibt nicht nur Lampedusa. Wenn man die Zeitungen liest, könnte man geradezu glauben, die irregulären Flüchtlinge würden Italien und Europa nur über diese Insel erreichen. Aber das stimmt nicht: Nur verhindert die Medialisierung, die uns vom Wesentlichen ablenkt, dass wir das Phänomen in seiner Gesamtheit erfassen.

DIE HERREN DER GRENZEN

Andere Eingangstore

Wer Leute von einem Ende der Welt ans andere befördern will, braucht vieles: Erfahrung, Zeit, Transportmittel, Geld, vor allem aber Kenntnisse der Regionen und Grenzen, die man passiert, und Kontakte zu Zollbeamten und Polizisten der jeweiligen Länder. Darum schmiert auch meistens ein Iraner die Polizisten am Grenzübergang zwischen dem Land der Ayatollahs und Afghanistan, darum verhandelt ein Libyer mit dem libyschen Soldaten, und darum redet meistens ein Grieche mit der Astynomia, der griechischen Polizei. Weil man mindestens einen vor Ort braucht, der weiß, wann der Polizist, der Wache schiebt, Kaffee trinken geht, wegschaut oder einfach so tut, als bemerke er nichts.

Der Ort ist für den Schleuser von entscheidender Bedeutung. Er muss in einer Durchgangs- und Grenzregion zur Welt gekommen sein und dort leben. So wie Josip Lončarić, der sich die Hörner in den Höhlen der Karstlandschaft abgestoßen hat. Die Pisten der Sahel-Wüste sind nichts für jedermann: Nur die Tuaregs können sie mit ihren schnellen Pick-ups befahren, ohne sich zu verirren und dabei ihr Leben zu lassen. Und auch die Pfade durch den Karst muss man kennen wie seine Westentasche, wenn man bei Einbruch der Dunkelheit durch die Wälder der slowenisch-italienischen Grenze huschen will, ohne in die nächstbeste Schlucht zu stürzen. Oder die Gegend um den Evros im Dreieck Griechenland, Bulgarien und Türkei, wo es im Winter zwanzig Grad unter null haben kann. Da muss man schon wissen, wann und wo man den Fluss am besten durchquert und wie die andere Uferseite beschaffen ist, wenn das Boot sicher anlegen und die Flüchtlingsladung ihr Ziel wirklich erreichen soll.

Auch wer den Ärmelkanal überwinden will, braucht Scharfsinn und Erfahrung: Er muss erkennen, welcher Lkw von Calais nach Großbritannien unterwegs ist, und seine Flüchtlinge darin verstecken, ohne dass der Fahrer es bemerkt.

Und wer die Sahara von Agadez in Niger bis an die libysche Küste durchqueren will, der muss mit den Wüstenpisten bestens vertraut sein. »Seitdem mein Chef die Ware gewechselt hat, habe ich in meinem Lastwagen schon mehr Menschen transportiert als Salzkörner in den fünfzehn Jahren davor.« Das sagt ein Tuareg, der im Bericht des Büros der Vereinten Nationen für Drogen- und Verbrechensbekämpfung 2011 zitiert wird. Der Tuareg befördert hauptberuflich Flüchtlinge für einen arabischen Unternehmer in Niger. Fünfzehn Jahre lang verdiente er seinen Lebensunterhalt damit, Hirse von Bilma über Wüstenpisten bis nach Dirkou zu bringen und mit einer Fuhre Salz zurückzukehren. Anfang der Neunzigerjahre entscheidet sich sein Chef dann wie viele andere kleine Spediteure dafür, seine Erfahrung zu nutzen und sich der Beförderung von Flüchtlingen zu widmen. Er verleiht seine Fahrzeuge an verschiedene »Reisebüros«, die in Agadez nach und nach wie Pilze aus dem Boden schießen.

Aber kein Schleuser, und sei er noch so fähig, intelligent und mit Geldmitteln gesegnet, kann alle spezifischen Fähigkeiten besitzen, die man braucht, um die langen, gefährlichen Routen erfolgreich zu bewältigen. Darum agiert man als Gruppe, in der jeder ein »Stückchen« Arbeit übernimmt: eine bestimmte Etappe oder Aufgabe. Das Netzwerk besteht aus Menschen, und je besser sie Kontakt halten, zusammenarbeiten und kommunizieren, umso besser funktioniert es.

Das unverdächtige Netzwerk

Manchmal gehören zu dem Netzwerk auch Leute, die über jeden Verdacht erhaben sind, weil ihr Beruf ihr Tun scheinbar legitimiert. Das gilt beispielsweise – sofern der Prozess die Ermittlungsergebnisse bestätigt – für eine Rechtsanwältin am Gericht Parma. Sie half wesentlich mit, Flüchtlinge aus Tunesien einzuschleusen, wie eine Operation des mobilen Einsatzkommandos in Parma Ende 2011 ergab.

Begünstigung illegaler Einwanderung, Falschaussage, Vortäuschung einer Straftat: Das wirft man der ach so unverdächtigen Anwältin vor. Dabei wird der Menschenschmuggel von einer tunesischen Schleuserbande gelenkt, die in Parma eine Kebab-Stube besitzt. Von dort werden die kriminellen Aktivitäten organisiert.

Angeboten werden zwei Schleuserdienste: einmal, zum Preis von wenigen Hundert Euro, die simple Reise nach Frankreich – für Bootsflüchtlinge, die in den Tagen der tunesischen Revolution in Lampedusa gelandet sind. Und dann ein komplexerer Schleuserdienst, der sich die löchrige slowenisch-italienische Grenze zunutze macht: die Reise über die Balkanroute von der Türkei nach Italien. Für 3000 Euro werden die Flüchtlinge erst durch die Türkei und andere Länder des Nahen Ostens, dann durch Ungarn, Österreich und Slowenien nach Italien geschmuggelt.

Auf diese Weise werden Aberdutzende von jungen Maghrebinern einschleust, zusammengepfercht in Lieferwagen, die teilweise auf den Namen des Restaurants gemietet sind. Einmal in Italien angekommen, wird ihre Situation nachträglich legalisiert. Sie unterschreiben Scheinarbeitsverträge mit der Kebab-Stube oder gehen Scheinheiraten mit gefälligen Italienerinnen ein – zumindest ging das bis zum sogenannten »Sicherheitspaket«, das die Heirat nur noch mit gültigen Aufenthaltspapieren erlaubte. Alles mithilfe der Anwältin. Angeklagt werden schließlich dreizehn Personen; alle sind Ausländer, abgesehen von drei Frauen aus Parma: der Anwältin und zwei jungen Frauen, die vermutlich Scheinheiraten eingegangen sind.

Ein Zufall bringt die Ermittlungen in Gang. In den Tagen der Jasminrevolution, als sich Lampedusa geradezu im Belagerungszustand befindet und Tag für Tag neue tunesische Flüchtlingsboote ankommen, versuchen viele Flüchtlinge, heimlich nach Frankreich zu gelangen, das seine Grenzen inzwischen dichtgemacht hat. Auf der Autobahn Genua–Ventimiglia hält die Verkehrspolizei von Imperia einen Lieferwagen an. Der Fahrer kann fliehen, aber die Polizisten entdecken im Wagen acht Tunesier. Sie sagen, sie seien vor einigen Tagen auf Lampedusa angekommen und, nachdem sie Landsleuten einige Hundert Euro gezahlt hätten, am Vorabend von Parma und Reggio Emilia aufgebrochen. Am selben Morgen meldet ein Tunesier,

Inhaber einer Kebab-Stube in Parma, den Lieferwagen als gestohlen – der allerdings keinerlei Einbruch- oder Kurzschlussspuren zeigt. Einige Tage später kontrolliert die Polizei auf derselben Strecke einen Wagen mit einem tunesischen Schleuser und vier Flüchtlingen, der ebenfalls aus Parma kommt. Die Akten werden daraufhin an das mobile Einsatzkommando in Parma weitergeleitet und die Ermittlungen aufgenommen.

Im August 2011 startet man schließlich eine Operation mit dem Ziel, die osteuropäische Schleuserroute zu kappen: Die Einsatzkräfte verfolgen einen Lieferwagen, der über die Kebab-Stube »Sapori mediterranei« gemietet wurde und auf dem Weg nach Ungarn ist. Als der Wagen zurückfährt, werden die Fahrer am Grenzübergang Fernetti-Triest auf frischer Tat ertappt: Im Lieferraum sitzen zwölf Maghrebiner ohne Papiere. Sie werden nach Slowenien zurückgeschickt und in ihre Heimat ausgewiesen.

Laut des Thinktanks Osservatorio Balcani e Caucaso und dort zitierter Studien der Triester Anthropologin Desirée Pangerc schätzt die Police Cooperation Convention for Southeast Europe – die die polizeiliche Zusammenarbeit der Staaten in der Region fördert und ihren Sitz in Ljubljana hat –, dass es an der italienisch-slowenischen Grenze täglich hundert illegale Grenzübertritte gibt.* Wenn diese Zahl stimmt, dann wären dies im Jahr über 35.000 illegale Grenzübertritte, während von August 2012 bis August 2013 »nur« 24.000 Flüchtlinge über das Meer nach Italien kamen. Aber nicht nur das. Laut Osserva-

* Siehe: www.balcanicaucaso.org/aree/Slovenia/Migranti-via-terra-attraverso-i-Balcani-146380

tori Balcani e Caucaso reisten in den ersten neun Monaten des Jahres 2013 zudem 5815 Personen illegal über die türkisch-bulgarische Grenze ein. Siebenmal so viele wie 2012.

Wie es ein seltsamer Zufall will, wiederholt sich die Geschichte. Die östliche Route, die in den Neunzigerjahren Josip Lončarić groß gemacht hat, erhält heute neuen Aufwind: durch eine neue Generation von Schleusern, die bereitsteht und das Erbe der ehemaligen Nummer eins angetreten hat. Ein weiteres Mal entpuppt sich das Schleuserwesen als mächtiger, entscheidender Faktor für die Einwanderung.

Die Grenzen Europas verändern sich. Mit jedem neuen EU-Beitritt verschieben sie sich, und mit ihnen die strategischen Hotspots, an denen die Schleuser aktiv sind. Heute erfolgen die meisten illegalen Grenzübergänge an der türkisch-griechischen Grenze, zwischen Nordafrika und Italien via Mittelmeer und, innerhalb des alten Kontinents, am Ärmelkanal zwischen Frankreich und Großbritannien. Blendende Geschäftsaussichten also für alle, die sich in diesen Regionen auskennen und zu einem Schleusernetzwerk gehören, das gut zusammenarbeitet und kommuniziert.

Das griechische Eingangstor

Die griechische Region am Evros, dem Grenzfluss zur Türkei, ist vor einigen Jahren zu einem neuen Eingangstor geworden, hinter dem der Traum von Europa lockt. Die Flüchtlinge kommen also über Kleinasien nach Europa, früher per Schiff, heute auf dem Landweg. Syrer, Afghanen, Pakistani, Kurden, Maghrebiner, aber auch Flüchtlinge aus Schwarzafrika wie Ghanaer oder Nigerianer bevorzugen inzwischen die griechische Route. Die Reise nach Istanbul ist ein Kinderspiel: Ein Visum für die Türkei wird fast niemandem verwehrt. Die meisten Flüchtlinge konzentrieren sich denn auch dort. Oder in Izmir, an der Küste. In den Vororten, in Baracken, warten sie darauf, dass es losgeht und sie endlich über die Grenze kommen. Bis Ende 2011 sind laut offiziellen Athener Zählungen 512.000 Flüchtlinge über Griechenland nach Europa eingereist. Der Grenzfluss Evros gilt dabei als größte Schwachstelle. Nicht alle sind allerdings illegale Einwanderer, viele flüchten auch aus Kriegsgebieten. Wie die EU-Grenzschutzagentur Frontex feststellt, haben dort noch vor wenigen Jahren täglich 250 Personen illegal die Grenze überschritten. In den letzten zwölf Monaten ging die Zahl dann zurück – nachdem die griechische Regierung einen Stahl- und Stacheldrahtzaun errichtete, der allerdings vor allem propagandistische Zwecke erfüllt. Im Gegenzug hat sich nämlich die Zahl der Flüchtlinge erhöht, die illegal über die Inseln der östlichen Ägäis und über Bulgarien nach Europa einreisen. Das Problem ist also keineswegs gelöst.

Um den Evros zu überwinden, der über 150 Kilometer an der griechisch-türkischen Grenze entlangfließt, zahlen die Flüchtlinge zwischen 500 und 800 Euro. In kleinen Kähnen und Schlauchbooten setzen sie über. Der Schleuser lässt die Flüchtlinge zu fünft oder sechs in sein Boot steigen und schiebt es dann häufig nur mit einem kräftigen Stoß ins Wasser. Den Rest überlässt er den Flüchtlingen.

Morgendämmerung an einem kalten Apriltag 2012. Hinter Büschen geduckt, verfolgen wir die Geschehnisse mit eigenen Augen. Mehrere Tage lang haben wir die Gegend beobachtet, um herauszufinden, wo die Boote ans Ufer kommen. Noch im Dunkeln legen wir uns schließlich an einer günstigen Stelle auf die Lauer und warten, dass es dämmert. Erst nach einigem Zögern haben wir uns so nah heranwagt. In der Flussgegend patrouillieren überall Soldaten. Wenn uns das griechische Militär schnappt, ist es vorbei. Vorsicht ist allerdings auch mit den Schleusern geboten, viele sind bewaffnet. Mit Pistolen oder gar Gewehren. Als die neun Algerier ihren Kahn an diesem Aprilmorgen dem Wasser überlassen und, bis zu den Knöcheln im Wasser stehend, versuchen, das griechische Evros-Ufer zu erklimmen, hat sich der türkische Schlepper längst davongemacht. »Go! Go!«, hat er noch heiser ins Halbdunkel gesprochen und den Flüchtlingen bedeutet, zur Überfahrt die beiden kleinen Ruder zu benutzen. Der Kahn treibt ab, verfängt sich in den Zweigen, die tief übers Wasser hängen. Der Schlepper, den wir nur als Schatten durch die Dämmerung huschen sahen, bereitet sich längst auf die nächsten Flüchtlinge vor. Und dabei wird er noch mehr Scharfsinn und Umsicht walten lassen müssen. Denn für die türkischen Schleuser ist es inzwischen hochgefährlich, die Flüchtlinge auf die griechische Seite zu begleiten. Viele von ihnen hat die Astynomia in letzter Zeit am Grenzfluss festgenommen.

Im Kommissariat von Orestiada zeigt man uns ein Video, das mit Infrarotlicht aufgenommen wurde: Drei bewaffnete Schleuser begleiten eine Flüchtlingsgruppe ans Evros-Ufer. Die langen Gewehrläufe sind deutlich auszumachen. Wie uns die Polizisten erzählen, werden die »Geschleusten« häufig geschlagen oder bedroht. Der Grenzübertritt ist riskant und die Anspannung folglich hoch. Da rastet manch einer aus. Was der

Schleuser natürlich nicht zulassen kann. Am Evros lässt sich aber noch ein anderes Phänomen beobachten, über das sonst gern geschwiegen wird und das noch ein ganz anderes Licht auf das Schlepperwesen wirft.

Im Polizeikommissariat von Alessandropoli, der Hauptstadt der Region, begegnen wir einem jungen Ermittler, der uns zwischen Zigarette und Frappé anvertraut, dass immer mehr Griechen den Menschenhändlern zuarbeiten. Mehrere Bauern, deren Grundstücke direkt am Fluss und somit an der Grenze liegen, lassen sich dafür bezahlen, die Leute zu fahren. 500 Euro pro Kopf. Zehn Flüchtlinge pro Gruppe und das mehrmals im Monat, mindestens. Kahn oder Schlauchboot voll bis oben hin, alles schwarz und steuerfrei. In den heutigen Krisenzeiten kann man sich da nur die Hände reiben. Die griechischen Bauern sind einfache Schlepper, aber sie arbeiten oft für große Schleuserringe und erleichtern den Grenzübertritt ungemein. Zumal auch die türkische Polizei seit einigen Monaten einen harten Kurs gegen die Schleuser fährt und in der Gegend um den Evros häufig Schüsse zu hören sind: Dann wird wieder eine Gruppe entdeckt, und man versucht, sie aufzuhalten. Und damit hat die Stunde der neuen Schleuser geschlagen.

In dem griechischen Dorf Pìtio – ein paar Häuser, ein mittelalterlicher Turm, eine Apotheke, eine orthodoxe Kirche und ein Kafenion – wird manchmal darüber gemunkelt, was passiert. Es ist ein offenes Geheimnis, über das aber niemand gerne spricht. Der anhaltende Flüchtlingsstrom wird manchem langsam lästig, die Polizei-Jeeps, die seit nunmehr zwei Jahren Tag und Nacht auf der Straße am Grenzfluss patrouillieren, gehen vielen Bewohnern der Gegend auf die Nerven. Der ständige Belagerungszustand verärgert die Leute. »Wir haben doch selbst kein Geld, wieso sollen wir den Afghanen helfen? Die sollen doch bleiben, wo sie sind«, bekommt man in der Gegend öfter zu hören. Die »Krise in der Krise« hat sich allerdings für einige als gutes Geschäft entpuppt.

Der Weg von Afrika nach Italien führt über El Douly

Man nennt mich »El Douly«, der Internationale, weil ich in der Welt viel herumgekommen bin. Eigentlich stamme ich aus einem Dorf in der Gegend von Suez in Ägypten. Mein Vater war Ingenieur, darum konnte ich etwas lernen: Er hat mir die Schule bis zum Gymnasium bezahlt. Ich bin schon früh herumgereist. Als junger Mann bin ich in den Irak gegangen und hab dort die verschiedensten Jobs gemacht: Kellner, Laufbursche, Schweißer. Um mich über Wasser zu halten. Viele Jahre lebte ich zwischen Bagdad und Mossul, zwischendurch auch kurz in der Türkei und in Jordanien. Im ersten Golfkrieg war ich im Irak, an der Grenze wurde gekämpft und geschossen. Im Irak leben nicht viele Menschen, es gab zu wenig Soldaten, und das war ein Problem für Saddams Truppen. Wenn die Jungs eingezogen wurden, schickte man sie sofort an die Grenze, und sie sahen ihre Familien monatelang nicht. Manche desertierten nur, um wieder nach Hause zu kommen, aber wer geschnappt wurde, den hat man zum Tode verurteilt. Das Gesetz war gnadenlos. Damals habe ich erlebt, wie die Deserteure über die Grenze gingen und sich so retten konnten. Da habe ich kapiert, das eigentlich alles möglich ist. Aber ich war noch zu jung und hatte keine Ahnung vom Leben und vom Geschäft.

El Douly ist ein Menschenschmuggler, ein Schleuser: einer der Erfahrensten in seiner Branche, der in einem der bedeutendsten Hotspots der illegalen Einwanderung operiert. Er leitet ein ägyptisches Schleusernetzwerk und kooperiert dabei mit einem großen libyschen Netzwerk, das sich auf den Schmuggel von illegalen und politischen Flüchtlingen nach Lampedusa spezialisiert hat. Hunderte Flüchtlinge konnten mithilfe von El Douly in Lampedusa an Land gehen. Vermutlich wird er nie ein Josip Lončarić werden, aber genau wie dieser hat er bei null angefangen und genau wie dieser will er nun zu den ganz Großen gehören. Wir treffen ihn Ende Mai 2012 in Kairo. Zum ersten Mal erzählt er jemandem von seiner Tätigkeit, davon, wie man ein geachteter Schleuser wird, einer, der etwas gilt. Wir sitzen in einem Café in der Nähe des Tahrir-Platzes, die müden Sprechchöre der bereits erlahmenden Revolution dringen herüber. Es sind Präsidentschaftswahlen. Das alte Regime muss sich mit der Muslimbruderschaft messen.

Die Anfänge seiner Karriere klingen so faszinierend wie ein Abenteuerroman. El Douly ist knapp über vierzig, ein umgänglicher Typ, schlagfertig, gesprächig. Er mustert einen aufmerksam, mit lebhaftem Blick, er will sofort wissen, wen er vor sich hat und was man von ihm will. Doch seine Bewegungen sind langsam und gemächlich, er geht mit leisem, beinahe schlacksigem Schritt. Es ist, als schleiche er durch die Menge, ohne nur im Geringsten Aufmerksamkeit zu erregen. Aber er, El Douly, sieht auf den ersten Blick, mit wem er es zu tun hat.

: Ein Flüchtling aus Afghanistan. Die meisten Flüchtlinge wählen heute die östliche Mittelmeerroute über die
i und Griechenland. Von der Türkei bis Samos ist es nur ein Katzensprung.

Nahe Pitio, um 6.30 Uhr. Algerische Flüchtlinge erklimmen frierend und verängstigt das griechische Flussufer.

Der Evros, hier zwischen Soufli und Mandra, bildet über 150 Kilometer die Grenze zwischen Griechenland und der Türkei. Jeden Tag haben schätzungsweise 250 Flüchtlinge den Fluss überquert. Ende 2012 errichtete Griechenland einen Grenzzaun.

Geschafft! Neun Flüchtlinge aus Santo Domingo sind über Mogadischu (Somalia) und Istanbul gekommen. Von dort ging es zu Fuß weiter.

Auch diese Algerier haben die östliche Mittelmeerroute gewählt. In Griechenland werden sie von der Polizei aufgegriffen

Das Abschiebelager im griechischen Komotini. Im April 2012 lebten hier neunzig Flüchtlinge. Die griechischen Auffanglager sind häufig überfüllt. Oft fehlt es am Nötigsten.

Afghanische Flüchtlinge haben sich unweit des Hafens von Patras ein Lager gebaut.

Ein Grenzpolizist bewacht die griechisch-türkische Grenze.

Viele Flüchtlinge versuchen, sich über Griechenland nach Nordeuropa durchzuschlagen. Hier übernachten sie in abgestellten Zügen.

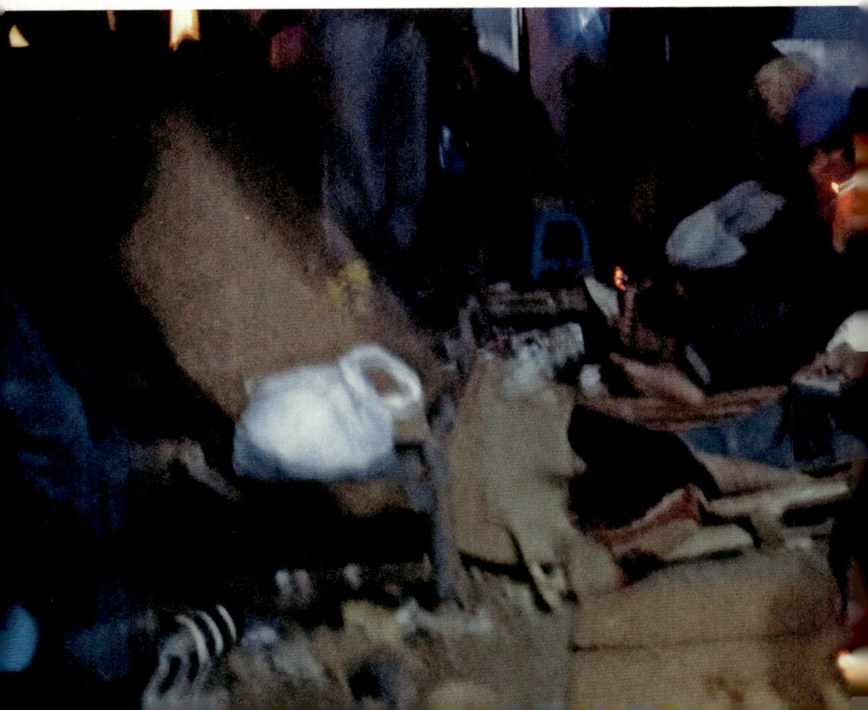

Die meisten Flüchtlinge kommen mit wenig Gepäck.
Papiere und Geld verstecken sie in ihren Schuhen oder tragen sie am Körper.

Waryam Singh, 27. An Singhs linkem Arm sind noch die Narben der Messerschnitte zu erkennen, die ihm ein Schleuser in Mali zufügte. Er forderte plötzlich mehr Geld für die Weiterreise.

Ahmed stammt aus Kabul. Seine Familie wurde von den Taliban ermordet. Ihm trennten sie mit dem Messer ein Auge heraus, weil sie ihn für einen Kollaborateur hielten.

Ein Flüchtling in Griechenland.
Er vertraut auf die Bibel.

Der junge Babu Singh aus dem Punjab war Sprecher einer Flüchtlingsgruppe, die 2009 in Ceuta protestierte. Achtzig indische Flüchtlinge saßen damals im Auffanglager in Ceuta fest. Sie verließen schließlich das Lager und kampierten im Wald. Nach über einem Jahr durften die meisten nach Spanien ausreisen.

Afghanische Flüchtlinge in Calais, auf dem Weg nach England.

Überfülltes Lager in Goma, Nord-Kivu, in der Demokratischen Republik Kongo. Hier leben die Bürgerkriegsflüchtlinge des Landes.

Kitchanga in Nord-Kivu 2012: Das Grab von Madame „Double Sim". Die Besitzerin eines Restaurants starb bei Kämpfen zwischen Regierung und Rebellenmiliz.

Flüchtlingsbehausungen in Calais: „La Jungle". Die Polizei hat die Flüchtlinge inzwischen vertrieben. Heute verteilen sie sich auf die vielen kleinen Dörfer an der Küste.

Im „African House", das ebenfalls von der Polizei aufgelöst wurde, lebten Flüchtlinge aus Eritrea und Somalia.

Ein Lkw-Parkplatz im Hafen von Calais. Im Dunkeln versuchen die Flüchtlinge, sich in einem Lkw zu verstec Sie hoffen, unentdeckt nach England zu gelangen.

Es gibt Menschen, die verändern dein Leben. Mein Leben hat Adnen Issimari verändert, ein breiter, kräftiger Typ mit riesigem Schnurrbart, hinter dem der Mund fast verschwand. In Bagdad war er bei allen beliebt. Ich erinnere mich noch, wie er morgens sein *béja* aß, ein typisches Frühstück dort, sehr nahrhaft, ein Art Brot mit Fleisch. Er war damals vielleicht fünfundvierzig oder etwas darüber und hatte von seinem Vater einiges geerbt. Außerdem besaß er ein Restaurant. In Bagdad war er ziemlich angesehen, er trank gern Wein und oft die ganze Nacht durch. Wenn er trank, dann war er ein anderer Mensch: gut gelaunt, freundlich und entspannt. Mit Geschäften ging man am besten in solchen Momenten zu ihm, dann ließ er besser mit sich reden. Adnen war ein Schleuser. Und er lebte gefährlich, weil er sich, eben, um die jungen Deserteure kümmerte. Er brachte sie aus dem Irak raus, damit man sie nicht an der Front verheizte. Er schmuggelte Saddams Soldaten nach Kuwait und dann weiter bis in die Türkei. Seine Rolle war wichtig und ganz entscheidend.

Durch ihn habe ich begriffen, dass man auch illegal über eine Grenze kommen kann. Die Begegnung mit ihm hat mich getroffen wie ein Donnerschlag. Ich habe gelernt, dass es andere Kulturen gibt, andere Gerichte, andere arabische Akzente, aber vor allem, dass nichts unmöglich ist.

Ich bin Adnen rein zufällig begegnet, und er mochte meine Art sofort. Sonst hätte er mich garantiert auf der Stelle kaltgemacht, weil ich ja wusste, welchen Job er macht. Zu großes Risiko. Adnen arbeitete ja gegen Saddam, er hätte mich eigentlich zu seiner eigenen Sicherheit beseitigen müssen. Für die irakische Regierung war er ein Verräter, aber für die jungen Männer in dem Land »der Retter«. Als ich mit ihm zu tun hatte, setzte sich in meinem Kopf langsam eine Idee fest …

Libyen, um nur ein Land zu nennen

Anfang der Neunzigerjahre: Der junge El Douly ist nach Ägypten zurückgekehrt, aber hat Probleme mit dem Militärdienst und der Armee, die Polizei sucht nach ihm. Er muss abhauen, sein Land wieder verlassen. Er besorgt sich bei einem Typen, den er in Kairo kennt, einen falschen Pass und flieht nach Libyen: erst nach Tripolis, dann nach Bengasi. Er beschließt, eine Weile in der Kirenaika zu bleiben.

Libyen ist noch heute, zwanzig Jahre später, das strategische Basislager vieler Schleuser. Auch Mohammed Elmi Muhidin, der Somalier, der im Zusammenhang mit dem Bootsunglück vor Lampedusa vom 3. Oktober 2013 festgenommen wurde, operierte von Libyen aus.

In seinem Fall wurden die Flüchtlinge, größtenteils Eritreer, mit Geländewagen ins südlibysche Sabha gebracht und dort festgehalten. Wie die italienischen Ermittler rekonstruiert haben, mussten sie von dort ihre Angehörigen im Ausland kontaktieren und beknien, per internationalem Geldtransfer 3300 bis 3500 Euro auf ein Girokonto zu überweisen. Später, wenn die Flüchtlinge die libysche Küste erreicht hatten und auf ihre Überfahrt warteten, wurden noch einmal 1000 bis 1500 Euro fällig.

In Libyen stieß ich auf ein Afrika in Miniatur: Fast alle afrikanischen Nationen waren dort vertreten. Aber Libyen war kein Industriestaat, es gab keinen wirklichen Handel. Darum wunderte ich mich, wo all die Afrikaner herkamen und was sie hier wollten. Dann habe ich begriffen, dass Libyen ein Transitland war. Ein Eingangstor und ein Markt für Tausende von Menschen. Ein Schwarzmarkt für Schwarze. Sie arbeiteten dort Monate oder Jahre, manchmal nur als Handlanger, um das Geld für die Überfahrt zusammenzukratzen. Früher versuchten in al-Gaddafis Land vor allem Schwarzafrikaner ihr Glück. Mit wechselndem Ergebnis. Häufig wurden sie diskriminiert, manchmal konnten sie aber auch in aller Ruhe arbeiten und Geld an ihre Familien zu Hause schicken. Die meisten wollten aber, wie heute, an die Mittelmeerküste gegenüber. Sie sparten für die Überfahrt nach Lampedusa.

1991 und 1992 habe ich in Bengasi gearbeitet, wo die ganzen Hotels stehen. Mit einem Partner, ebenfalls Ägypter, betrieb ich damals ein einfaches Restaurant.

Damals kannte man in Bengasi vor allem drei Namen. Drei Namen, von denen alle redeten. Alle, die von Europa träumten. Der eine war Fadil, dann Ahmad Essaourka und noch ein gewisser Shali, wobei sich die beiden Letzteren in Regierungskreisen, vielleicht Armee oder Polizei, bewegten. Die drei waren die Einzigen, die einen übers Mittelmeer bringen konnten. Sie waren die Chefs im Business, die großen Schleuser von Bengasi. Manchmal fragte mich ein junger Gast in meinem Restaurant nach den dreien. Dann half ich ihm, mit ihnen in Kontakt zu treten.

Eines Tages kommt ein junger Mann mit einem Freund in mein Lokal und sagt: »Libyen gefällt mir nicht, ich will hier weg.« Ich sage ihm, er soll sich noch zwei Wochen gedulden, ich würde schon eine Möglichkeit für ihn finden. Ohne langes

Zögern schicke ich ihn direkt zu Fadil. Damals habe ich zum ersten Mal jemanden direkt zu ihm geschickt, ohne Vermittler. Ich habe sozusagen ein Glied in der Kette übersprungen, das hat mir einfach meine innere Stimme gesagt. Nur wenige Tage später betritt jemand mein Restaurant. Ich halte ihn für einen normalen Gast. »*As-salām 'alaykum*«, grüßt er mich. Ein Typ um die vierzig, gut gekleidet. Er setzt sich nicht, bestellt nichts. Mein Partner hatte seinen freien Tag, und ich war allein im Lokal. »Ich komme von Fadil«, stößt er hervor, während er sich umblickt. »Er will wissen, wieso du ihn kennst.« Alles an ihm wirkt bedrohlich, seine Stimme klingt, als wolle er mich verhören. »Ich kenne ihn nicht, wer hat das behauptet?«, antworte ich. »Hast du zwei Männer geschickt?«, gibt er zurück. Ich sage Nein. Das überzeugt ihn schließlich. Er zieht ab. Ich habe dann viel über das Gespräch nachgegrübelt. Mich gefragt, ob der Mann von der Polizei war oder jemand von Fadil. Ob ich mich richtig verhalten habe oder ob es ein Fehler war, den Mann zu Fadil zu schicken, ohne den vorgeschriebenen Weg einzuhalten.

Am nächsten Tag isst ein Unbekannter in meinem Restaurant. Kaum hat er zu Ende gegessen und gezahlt, da sagt er: »Ich bin Fadil.« Ich stand da wie versteinert. Ich hatte ihn mir anders vorgestellt, so breit und kräftig wie Adnen, den Iraker. Wir unterhalten uns, beschnüffeln uns, lernen uns kennen. Er sagt, ich soll am nächsten Tag nach der Arbeit zu ihm kommen und etwas abholen, was mir zusteht. »Ich schicke dir jemanden, der dich zu mir führt«, sagt er. Die Libyer sind angeblich Verräter. Ob ich ihm vertrauen kann, frage ich. »Klar«, sagt er und geht.

Als wir uns wiedersehen, sagt Fadil als Erstes: »Du bist tüchtig. Hast du keine Angst, in das Business einzusteigen?« Ich sage Nein, ich tue ja niemandem weh, ich helfe den Leuten und Punkt. »Hör mal, du kriegst noch Geld.« Ich tue so, als verstehe ich nicht. »Für den Mann, den du mir geschickt hast. Deine Provision. Er hat schon gezahlt und nicht gerade schlecht.«

Schließlich gibt Fadil mir mehr, als ich in einem Monat in meinem Restaurant verdienen kann. Da war ich einundzwanzig. Und so wurde ich Schleuser.

Große flexible Netze

An den neuralgischen, strategisch wichtigen Punkten entlang der Flüchtlingsrouten gibt es »Area Manager«, die die einzelnen Phasen des Schleusergeschäfts koordinieren. Sie sind keine kleinen Schleuser mehr, die sich die Hände schmutzig machen. Sie kennen die Routen, die Grenzen und Leute, die die Drecksarbeit machen. Sie bilden ein gut geöltes Räderwerk, in dem die Einzelnen hervorragend zusammenarbeiten. Die Area Manager verhandeln mit den lokalen Anbietern in den Transitländern über die benötigten Dienstleistungen. Sie sorgen dafür, dass die Leistung bereitsteht: die Beförderung im Pkw, die Unterkunft für den Monat, den der Flüchtling auf den falschen Pass warten muss, die Bestechung eines Grenzbeamten. Der Area Manager und der Flüchtling gehören häufig derselben ethnischen Gruppe an.

Der Area Manager, der für den Grenzübertritt in ein oder mehrere Länder zuständig ist, kann das konkrete Schleuserhandwerk aber auch an einen Koordinator vor Ort oder direkt an den Anbieter der lokalen Dienstleistung outsourcen. Dieses System von Subunternehmern erlaubt dem Menschenhändler, sich die Hände nicht schmutzig zu machen und den Ordnungskräften stets zu entwischen. Um so mehr, weil er in der Öffentlichkeit oft einer zweiten, ganz legalen Tätigkeit nachgeht: Er unterhält etwa einen Telefonladen, einen Bazar oder ein Reisebüro.

Die Flüchtlinge werden auf ihrer Reise größtenteils von einem Schleuser begleitet. Nur selten kann sie allerdings ein Menschenschmuggler auf der gesamten Reise betreuen. Die Dienstleister und Area Manager sind keine Mitarbeiter einer hierarchischen Organisation, sondern gehen meistens vor Ort ihren Geschäften nach und kooperieren dabei, weil es sich für sie auszahlt. Sie arbeiten zusammen, weil das Effizienz und Geschäftserfolg steigert. Denn je besser jemand arbeitet und je bekannter er entlang der Schleuserrouten ist, umso besser laufen wiederum seine Geschäfte. Genauso wie legale Firmen, Aktiengesellschaften, Produktions- oder Dienstleistungsunternehmen streben sie also nach Effizienzmaximierung und arbeiten darum arbeitsteilig. Wenn man Aufgaben diversifiziert und von denen erledigen lässt, die am besten dafür geeignet sind, ist das nicht nur sicherer für die Organisation, sondern auch besser für die Leistungsfähigkeit und damit das Geschäft.

In einer Schleuserorganisation sind verschiedene Posten zu vergeben. Als da wären: der Koordinator oder Organisator, das heißt Geschäftsführer samt Vorstandsmitgliedern; der Investor, der Geld und Mittel (Boot, Waffen, Lkw) bereitstellt; der Agent oder Vermittler, das heißt der eigentliche Verkäufer der Dienstleistung, der Kaufmann; das Transportunternehmen, genauer gesagt der Fahrer, der den Lkw, Pkw, das Schlauchboot oder Schiff steuert; jemand, der für Ordnung sorgt (die Waffe im Anschlag kann bei größeren Gruppen schon mal nötig sein); die Dienstleister oder das Hilfspersonal vor Ort; jemand, der das Geld eintreibt; der Geldwäscher; die korrupten Beamten oder Beschützer. Die Schleusernetzwerke werden bei ihrer Suche nach geeignetem Personal sehr häufig in der »legalen« Welt fündig. Oft können sie auf Dienstleistungen von unbescholtenen Personen zurückgreifen, die einer regulären Arbeit nachgehen und zumindest scheinbar im legalen Bereich tätig sind. Die Akquise der Flüchtlinge erfolgt meistens über Mundpropaganda, aber auch über Annoncen in der Lokalzeitung oder über Job- oder Reisebüros.

Auch El Douly ist in ein großes, flexibles Netzwerk eingebunden. Und wie ist unser junger Ägypter Mitglied des Schleuserrings geworden, der Menschen von Ägypten nach Libyen und schließlich nach Europa bringt? Über sein Restaurant ist er mehr oder minder zufällig mit der Welt der Schleuser in Kontakt gekommen. Er hat allerdings nicht als kleiner Schlepper angefangen, sondern gleich als »Agent« oder »Vermittler«. Noch dazu heimlich, still und leise: Besser konnte er gar nicht ins Geschäft einsteigen. Er hat sich, ganz diskret, nützlich gemacht und wurde irgendwann für andere Knoten im Netz unverzichtbar.

Die Neueinsteiger kommen aber nicht nur über persönliche Kontakte ins Schleusergeschäft, sondern ebenso über bestimmte berufliche Fähigkeiten oder Erfahrungen. Manche verfügen über spezielle Kenntnisse und sind im Transportgewerbe tätig, als Lkw-Fahrer oder Fischer. Andere haben beruflich mit

Import-Export, Zollkontrollen oder Finanz- und Rechtsberatung zu tun, wie Wirtschaftsprüfer oder ehemalige Mitarbeiter von Zoll, Banken und Wechselstuben. Oder sie sind Rechtsanwälte oder allgemein Personen, die über ihre legale Tätigkeit mit den »richtigen« Leuten Kontakt haben. Ihre legale Tätigkeit wird zum Sprungbrett ihrer kriminellen Karriere.

El Douly ist in seiner Karriere Schritt für Schritt vorangekommen. In Bengasi machte er sich zunächst unter den Flüchtlingen, die nach Europa wollten, einen Namen. Dann trat er nach und nach mit Libyern vom Senussi-Orden in Kontakt. Sie sprachen ihn an, weil sie ihn für ihr Business brauchten. El Douly ließ sich nicht ausnutzen, und man hat ihm nie Geld abgeknöpft. Aber er konnte es mit diesen Leuten auch nicht aufnehmen, weil sie zu mächtig und gefährlich waren. Alles musste über sie laufen. Er musste seine Geschäfte mit ihnen machen. El Douly ist so Mitglied eines flexiblen, aber stabilen Netzwerks geworden: ein weiterer Akteur, ein vertrauenswürdiger Anbieter von Dienstleistungen.

Eine Frage des Vertrauens

Wenn ihr mich fragt, wer in dem Business der Größte ist, dann habt ihr nichts kapiert. Glaubt mir einfach: Es gibt keinen Boss, keinen Strippenzieher. Wir sind viele, wir kennen und vertrauen uns. Jeder erledigt seine Aufgabe. Wir sind ein Netzwerk, in dem alle zusammenarbeiten. Manchmal kann das Vertrauen auch damit zu tun haben, dass man einem bestimmten Clan angehört. In manchen Gegenden der Welt sind solche Bindungen sehr stark. Wer Stammesverbindungen hintergeht und Vertrauen missbraucht, verstößt gegen die Regeln des Geschäfts und bringt das System ins Wanken.

Als ich damals in Bengasi war, gab es einen jungen Ägypter, der, wie ich, Vermittler war: Vermittler zwischen den Flüchtlingen und einflussreichen Personen, die die Reise nach Europa möglich machten. Er holte die Leute in sein Haus, versammelte sie dort und versprach allen, er würde sie nach Europa bringen. Kurzum: Er verkaufte ihnen Träume, nahm ihr Geld und verschwand damit. Die Flüchtlinge hatten nun kein Geld mehr und mussten sich in Libyen Arbeit suchen. Aber sie wollten immer noch nach Europa. Früher oder später kamen sie also um Fadil nicht herum. Viele von den Betrogenen erzählten ihm, was passiert war, erzählten von dem »Träumeverkäufer«. Es war ein einziges Chaos. Fadils Männer machten sich dann auf die Suche nach ihm und brachten ihn zum Boss. Ich habe den Typ gesehen, als sie ihn gekriegt und ihm klargemacht haben, dass er mit dem Feuer spielt. Er entschuldigt sich hundertmal, erklärt, dass er das ja nicht wusste, niemandem etwas Böses wollte, dass er das Geld brauchte, weil seine Mutter operiert werden musste. Sie haben den Typ umgebracht und seine Leiche im Wüstensand verscharrt. Mit solchen Methoden arbeiten sie: Sie erschießen die Leute und lassen sie dann liegen, manchmal schmeißen sie sie auch ins Meer. Der Typ war verrückt. Er trieb diese Spielchen in seinem eigenen Haus und wechselte noch nicht mal das Quartier. Klar, dass sie ihn sofort geschnappt haben. Ich habe ihn noch gesehen, in einer Hütte an der Küste. Ehe sie ihn umbrachten und in den Dünen entsorgten, haben sie ihn den anderen im Business noch gezeigt: als Mahnung.

Ich habe mir keine Patzer erlaubt. Ich war immer korrekt. Darum hatte ich auch so enge Beziehungen zu Fadil und den Libyern. Hab sie bis heute. Ich kann ihnen Flüchtlinge schicken und bekomme meine Provision auch noch nach einem Jahr. Ich kann inzwischen nicht mehr nach Libyen, zu gefährlich, weil mich die Polizei sucht, aber auf meine Provision kann ich mich verlassen. Ich krieg sogar einen Vorschuss, wenn ich will. Fadil ist heute alt. Ich arbeite jetzt mit einigen aus seinem Clan und mit seinen Söhnen.

Am Anfang meiner Karriere, vor zwanzig Jahren, habe ich die Leute akquiriert, die wegwollten, vor allem in Oberägypten. Heute bin ich aufgestiegen. Heute fragen die Leute nach mir, und ich habe viele Agenten in der Region, in den ägyptischen Dörfern. In meiner Heimatstadt arbeite ich allerdings nicht, dort muss ich ehrbar bleiben. In meiner Geburtsstadt darf keiner wissen, was ich mache. Eine Frage der Sicherheit. Aber die meisten jungen Leute in Oberägypten brauchen mich, sie brauchen jemanden, dem sie vertrauen können. Wichtig ist vor allem, dass wir uns um unsere Kunden kümmern und darauf achten, dass unser Ruf keinen Schaden nimmt. Wenn ich in manchen Gegenden Ägyptens in die Dörfer komme, halten mich die Leute auf der Straße an und küssen mir die Hände.

Wenn es um das Geld geht, muss ich Geduld haben, das hängt oft von den Ernten ab. Manchmal bezahlen die Jungs einen Teil vorab, den Rest bekomme ich dann später, wenn sie weg sind, von ihrem Vater.

Meine Agenten rufen mich an und sagen: »Ich habe zwei Flüchtlinge hier und zwei dort …« Früher haben wir sie dann direkt nach Bengasi geschickt und gesagt, an dem und dem Tag wartet in dem und dem Hotel einer von unseren Kollegen auf euch. Heute gibt es zusätzlich einen Vermittler, einen Agenten, der sie nach Libyen bringt. Das liegt an der Revolution in Ägypten und Libyen, seitdem machen wir das so.

Die letzte Reise, die ich organisiert habe? Siebenunddreißig Flüchtlinge, die mir fast teuer zu stehen gekommen wären. Zwischen Bengasi und Adschdabiya hatten wir einen Autounfall. Nichts Dramatisches, aber wir mussten befürchten, ins Visier der Polizei zu geraten. Na ja, am Ende ist alles gut gegangen. Vier von denen kamen aus vier verschiedenen Dörfern und wollten nach Europa, die anderen dreiunddreißig wollten in Libyen arbeiten. Alle haben irgendwas gefunden, um ein paar Kröten zusammenzukratzen; ein Bekannter von mir, ein Libyer, hat für sie gebürgt. Den musste ich natürlich auch bezahlen. Und die vier Jungs konnten schon ein paar Wochen später ihre Familien aus Europa anrufen.

Das hat meinen Ruf noch verbessert, nach dem Erfolg hat man noch mehr Vertrauen in mich. Und die Jungs, die es nach Europa geschafft haben, gelten jetzt als Helden. Ich sag's noch mal, wir müssen uns vor allem gut um unsere Kunden kümmern. Unser Ruf darf nicht leiden. Wir müssen alles tun, damit es keine Zwischenfälle gibt. Aber manchmal kann man einfach nichts machen.

In manchen ägyptischen Dörfern sähen sie mich lieber tot als lebendig. Wenn ihr da hingeht und sagt, dass ihr mich kennt, dann bringen sie euch um. Auf der Stelle. Soll ich euch sagen, warum? Weil die Boote manchmal untergehen. Und Leute sterben. Die Eltern der Jungs, die ertrunken sind, wollen mir am liebsten das Fell über die Ohren ziehen.

Wir verbringen einige Tage mit El Douly in Kairo. Meistens treffen wir uns auf dem Tahrir-Platz, nur am letzten Tag in einem Einkaufszentrum. Als wir uns gerade verabschieden wollen, klingelt eins seiner beiden Handys.

»*Wa 'alaykum as-salām* ... Ja, ich bin's ... Was soll ich tun? Ja, das ginge ... Wenn du alles Geld sofort hast, gut, sonst überlegen wir mal ... Ja, das geht trotzdem.«

El Douly beendet das Telefonat und erklärt: »Ein Mann, der nach Spanien will. Mit meiner Hilfe kommt er da hin.«

Menschenschmuggel am Ärmelkanal

»Wie viele von uns kannst du nach England bringen?«

»Zwei, dich und deinen Freund. Punkt.«

»Und wie viel müssen wir zahlen?«

»Das haben wir schon gestern besprochen. Wie ich gesagt hab, tausend pro Kopf.«

»Und wenn wir zu dritt sind?«

»Keine Chance. Ich will keinen Ärger. Du und dein Freund. Punkt.«

»Um wie viel Uhr?«

»Kommt morgen Abend um neun hierher. Ich finde euch dann schon.«

»Heute Abend geht's nicht?«

»Nein. Ich entscheide, wann es geht.«

Die Unterredung ist kurz und knapp, man schweigt, man mustert sich. Im Juni 2012 treffen wir Tom, der uns erlaubt, bei einem Verhandlungsgespräch mit einigen Albanern dabei zu sein. Wir sitzen in einem Straßencafé, Tom nippt an einem Kaffee, die Albaner trinken Bier. Sie wollen noch am selben Abend über die Grenze – das gegenseitige Misstrauen ist deutlich zu spüren. Mit der Bierflasche in der Hand entfernen sich die beiden Männer schließlich und schlendern zu einer Gruppe Landsleute hinüber, die rauchend auf der Place d'Armes, dem Hauptplatz von Calais, stehen. Alle gemeinsam verlassen sie dann den Platz, dabei werfen sie wiederholt skeptische Blicke zu unserem Tisch hinüber. Tom flüstert uns zu: »Denen vertraue ich nicht. Die wollen nicht zahlen, das ahne ich schon ...«

Tom ist ein ruppiger Ire um die vierzig, mit wachsamem Blick. Im französischen Calais unternimmt er gerade seine ersten Gehversuche im Schleuser-Business – nach langen Jahren Erfahrung im Drogengeschäft. Wir haben ihn zuvor bereits im Café de Paris, in der Nähe des Hafens getroffen. Dort schlürfte er ebenfalls Kaffee und rauchte eine Zigarette nach der anderen. Tom rührt keinen Tropfen Alkohol an, isst Fertig-Sandwiches und behauptet, dass er die italienische Küche liebt.

Die Festlandhäfen, von denen die Fähren nach Dover und den Kanalinseln ablegen, kennt er wie seine Westentasche. Darum hat er sich vor ein paar Monaten entschieden, in das Geschäft mit Flüchtlingen einzusteigen. Der Ärmelkanal ist nämlich für Schleuser momentan eine der gewinnträchtigsten Etappen. Nacht für Nacht versuchen zahlreiche Flüchtlinge ihr Glück und wollen trotz der strengen Grenzkontrollen die englische Küste erreichen. Ein besonders beliebter Ausgangspunkt ist dabei Calais, das anmutige Hafenstädtchen mit dem wunderbaren Blick auf den Ärmelkanal, endlosen Stränden und köstlichen Meeresfrüchtetellern. Ähnlich wie im griechischen Patras verstecken sich in Calais jedes Jahr Tausende von Flüchtlingen in Lkw und versuchen, so die Grenze zu überwinden. Manchmal wissen die Fahrer nichts, und manchmal halten sie die Hand auf. Laut Auskunft der britischen Regierung wurden innerhalb von zwölf Monaten in 2012 und 2013 elftausend illegale Flüchtlinge aufgegriffen. 2012 entdeckte die britische Grenzpolizei, wie englische Zeitungen berichteten, allein achttausend illegale Einwanderer in Lkw, und nach denselben Quellen gelingt es Schleuserbanden, jeden Tag nur von Calais aus mindestens dreißig Flüchtlinge nach Großbritannien zu bringen.

Früher habe ich Marihuana von Holland – über Belgien und Frankreich – nach England gebracht. Im Auto und per Schiff. Ich habe es nur geschmuggelt und dann in London an meinen Cousin übergeben, der damals eine große Nummer war. Er hat den Rest besorgt. Der Markt von Brixton, im Süden der Stadt, gehörte uns. Darum kenne ich die Routen und die besten Methoden, wie man die Ware versteckt. Aber dann saß ich sieben Jahre im Gefängnis von Calais. Ich war gerade eben in Calais angekommen, als sie mich kontrollierten und den Kofferraum meines Fords aufmachten ...

Ich bin dann trotzdem in Calais geblieben, obwohl die Polizei mich kennt. Aber ich muss aufpassen, ich arbeite lieber außerhalb der Stadt. Meine Leute suche ich mir genau aus. Mein Netzwerk ist noch ziemlich klein, ich habe noch nicht so viele Leute, aber das ist ja nur der Anfang. Wenn ich auf die richtigen Leute setze, dann kann ich wachsen.

Ich arbeite mit einem Afghanen zusammen, der einen englischen Pass besitzt und in London lebt, außerdem mit einem französischen Taxifahrer, der zwischen Calais und Dünkirchen unterwegs ist und manchmal Flüchtlinge mitnimmt. Und mit jeder Menge ahnungsloser Lkw-Fahrer. Nachts, wenn es dunkel wird, schmuggle ich die Flüchtlinge zu dritt oder viert in den Laderaum. Wenn die englische Polizei den »Inhalt« dann nicht mit ihren Thermoscannern aufspürt, schaffen sie es bis nach England und können dort unbemerkt aussteigen.

An einem Abend treffen wir auch den Taxifahrer, Toms französischen Mitarbeiter. Er reicht uns die Hand, seinen Namen sagt er nicht. Er ist um die dreißig und kommt aus einem Dorf ungefähr hundert Kilometer von Calais. Er nimmt winzige Schlucke aus einer Flasche Stella Artois, die er in der Hand hält. Er wirkt wie ein anständiger junger Mann. Fahrig und ein wenig schüchtern schaut er sich immer wieder um. Dort drüben habe er sein Auto geparkt, er bittet uns, weder Modell noch Marke zu nennen. Er möchte nicht erkannt werden.

Wie er und Tom uns erzählen, ist es in der Gegend von Calais ein Leichtes, Flüchtlinge zu finden. Man muss nichts weiter tun, als sich in ein Café am zentralen Platz, in Hafennähe, zu setzen, zu warten und sich umzuschauen. Schon bald sieht man dann Afghanen, Albaner, Eritreer oder Sudanesen, die in Gruppen über den Platz schlendern. Oder man sucht die Suppenküchen auf, die La Belle Étoile und andere lokale Vereine regelmäßig hinter den Kais einrichten.

Die Flüchtlinge, die illegal nach England einreisen wollen, versammeln sich noch immer an mehr oder minder denselben Orten. Auch wenn sie nach den Kontrollen der französischen Polizei nicht mehr an denselben Stellen schlafen. Heute leben sie in den vielen kleinen Dörfern entlang der Küste und kommen nur dann nach Calais oder Dünkirchen, wenn sie ihr Glück versuchen. Früher gab es in Calais, in einem Wald unweit vom Hafen, »La Jungle«, wo Afghanen und Kurden in Zelten und Hütten hausten. Oder das »African House«, eine aufgelassene Fabrik in Bahnhofsnähe. Heute ist das alles weg. Die *flics*, die Polizisten, haben in der Stadt aufgeräumt, darum verstecken sich die illegalen Flüchtlinge nun an der Küste. Calais wirkt wie geleckt, aber der Schein trügt: Trotz der häufigen Kontrollen versuchen Tag für Tag Flüchtlinge, nach England zu gelangen. Und dafür brauchen sie Leute wie Tom.

Instinkt ist mein Geschäft

Ich bin jetzt seit ein paar Monaten im Geschäft. Das ist kein Spiel, das ist ein Scheißgeschäft ... Die Flüchtlinge rüberzubringen ist verdammt schwer, die Fehlversuche zähle ich gar nicht mehr. Viele Kunden wollen vor der Überfahrt nicht zahlen, das ist ein echtes Problem. Sie haben Angst, weil ich ja mit ihren Kröten abhauen könnte. Andere Schleuser machen das.

Einmal wollte mich eine albanische Familie reinlegen. Sie beschwerte sich, weil ihr Sohn, den ich rübergebracht hatte, angeblich im Gefängnis gelandet war. Aber ich habe ihnen gesagt: »Liebe Leute, er ist in England, und dafür zahlt ihr, also mal schön Klappe halten. Wenn er so doof ist und sich schnappen lässt, sein Problem. Ich garantiere nur für die Dienstleistung; wenn er einmal drüben ist, ist alles andere seine Sache.«

Ich hab sieben Jahre im Gefängnis gesessen, mir macht so

schnell keiner Angst. Wenn die mir das Geld nicht geben, kreuze ich bei denen auf und hol es mir …

Vor einiger Zeit ist mal ein Albaner zu mir gekommen und wollte mit mir arbeiten. Als Vermittler zwischen mir und seinen Landsleuten. Ich hab ihm gesagt, dass ich es nicht nötig habe, meinen Gewinn mit ihm zu teilen.

Ich sehe auch blind, was um mich herum passiert. So was nennt man Instinkt. Und wenn ich mir die Ohren zuhalte, höre ich trotzdem, was los ist. Ich habe mich für dieses Leben entschieden, da kann ich machen, was mir passt. Und morgen ist schon wieder ein anderer Tag. Der Instinkt ist für mich alles. Die verdammten Albaner sprechen ja nicht mal ein Wort Englisch! Wie soll ich mit denen arbeiten? Letzte Nacht hab ich versucht, drei von denen rüberzubringen. Das waren meine Kunden. Du weißt, wie das läuft, oder? Ich geh auf den Rastplatz, wo die Lkw stehen, gucke, welcher in Frage kommt, welcher also nach England fährt und in welchen man leicht reinkommt. Dann lasse ich die Jungs heimlich reinklettern. Dazu musst du natürlich erst mal die Zollschnur an der Lkw-Plane durchknipsen. So was wie eine Banderole aus Metall, die zeigen soll, dass niemand den Lkw geöffnet hat und die Ladung sicher ist, kapiert?

Ich hatte also diese beschissene Drahtschere in der Hand. Sie ist wirklich verdammt schwer, ich fange an, zu schneiden, aber alleine schaffe ich es nicht. Also flüstere ich einem Albaner zu, er soll von der anderen Seite an der Schnur ziehen und gut aufpassen, wenn ich sie durchknipse. Aber der Idiot versteht kein Wort, ich flüstere und betone jedes Wort, sage: »*Hey you, mate, hold on here, here* …« Der kapiert einfach nichts, ich sage »*here*«, und der guckt mich an, als käme ich von einem andern

Stern, ich kann ja wohl schlecht schreien, sonst wacht der Fahrer auf … Am Ende musste ich es doch allein machen und selber an der Scheißschnur ziehen. Ich ziehe und ziehe, kugle mir dabei fast den Arm aus, und als sie dann endlich durchgeht, schlägt sie mir wie eine Peitsche ins Gesicht, ich kann dir vielleicht sagen …

Die Spuren der Verletzung an Toms Kinn sind noch zu sehen. Ebenso Pflaster an mehreren Fingern. Stundenlang sitzt der Ire in dem üblichen Café am Platz, beobachtet das Kommen und Gehen, schaut, wie die jungen Männer, die Neuankömmlinge, die Frischlinge vorbeischlendern. Und wartet auf seine Chance, Profit aus der nicht abreißenden Nachfrage all der Flüchtlinge zu schlagen, die von England träumen. Auf seine Chance, ihren Traum beim Schopf zu packen und zu einer realen Möglichkeit zu machen. Zu Geld also.

Toms Leben in Calais ist nicht einfach, die Konkurrenz schläft nicht. Es herrscht das gnadenlose Gesetz des Marktes. Sein schärfster Konkurrent ist der junge, gerissene Fahrudin, der Kopf des kurdischen Netzwerks. Fahrudin ist Halbiraker und besitzt seit 2007 eine britische Aufenthaltsgenehmigung. Sein Name ging sogar durch die Presse, selbst das britische Massenblatt »Daily Mail« widmete ihm einen Artikel. Er arbeitet mit denselben Methoden wie sein Konkurrent Tom: Er nutzt die Lkw, die in Dünkirchen auf die Fähre rollen und über den Ärmelkanal nach Dover übersetzen. Da drin versteckt der Schleuser seine Flüchtlinge. Und seine Preise haben es in sich: Je nach gewünschter Leistung 2000 bis 6000 Dollar. Auch er arbeitet mit manchem Lkw-Fahrer zusammen, andere wiederum wissen nichts von ihrer menschlichen Fracht. Wenn der Fahrer eingeweiht ist, muss der Flüchtling mehr zahlen, die Dienstleistung ist aber dafür sicherer. In dem einen wie anderen Fall wickelt man die Sache lieber in gewisser Entfernung vom Hafengebiet ab, weil die Polizeikontrollen dort weniger engmaschig sind. Der mürrische Ire Tom und der gerissene kurdische Schleuser Fahrudin tragen ihren Wettkampf auf den Lkw-Rastplätzen entlang der Autobahn A26 aus, der *Autoroute des Anglais*.

Tom und sein französischer Taxifahrer holen ihre Kunden nachts ab. Von Calais Zentrum aus nehmen sie die A26. Das ist der heikelste Moment: Wenn die Polizei sie jetzt anhält, sitzen sie wegen Begünstigung ein. »Da scheiß ich mir jedesmal in die Hosen«, vertraut Tom uns an. Haben sie den Rastplatz dann einmal erreicht und sind die Flüchtlinge ausgestiegen, sinkt der Adrenalinspiegel wieder, und die Angst schwindet. Das Schlimmste ist geschafft. Obwohl sie jetzt natürlich noch im Dunkeln über die Autobahn rennen müssen und einen passenden Lkw suchen.

Wenn der Flüchtling sich endlich in den Lkw reingeschmuggelt hat, hat er ein Drittel der Unternehmung hinter sich. Das können oder, besser gesagt, versuchen aber sogar die ganz armen Schweine, denen nichts anderes übrig bleibt, als die Sache allein durchzuziehen. Nacht für Nacht gucken sich welche zu zweit oder dritt einen Lkw aus und verstecken sich zwischen der Ladung. Meistens endet das in einem Fiasko: Entweder nehmen sie den falschen Lkw und landen in Holland oder, schlimmer noch, gleich auf der Wache, weil der Fahrer sie entdeckt und die Polizei ruft.

Fahrudin und Tom haben offenbar ihre eigenen Methoden, um die Kontrolleure zu täuschen: Der Kurde füllt Eis in Schlafsäcke, in die die Flüchtlinge dann hineinkriechen, damit sie für die Thermoscanner »unsichtbar« werden. Tom erzählt uns auch von seiner todsicheren Methode: Er umwickelt seine Kunden mit Alufolie, schlichter Küchen-Alufolie, damit wir uns recht verstehen. Fest steht allerdings, dass sich nicht nur die Methoden, sondern auch die Einnahmen der beiden beträchtlich unterscheiden. Laut einem Bericht der »Daily Mail« schleust Fahrudin jedes Jahr ungefähr fünftausend Flüchtlinge nach Großbritannien ein. Nimmt man seinen Mindestpreis von 2000 Euro pro Kopf, ergibt das einen Jahresumsatz von zehn Millionen Euro.

DIE PHILOSOPHIE DES MISSIONARS

Auf der Flucht vor dem Krieg

Felicien sieht heiter aus. Seine Beine sind schwer, seine Füße schmerzen, aber in seinen Augen schimmert die Hoffnung. Er ist weit gelaufen, und die lange Fahrt mit öffentlichen Verkehrsmitteln von Goma nach Rutshuru war beschwerlich: Da kauerte er auf der Ladefläche eines klapprigen Lkw, eingepfercht zwischen Ziegen und Hühnern, Mehl- und Kohlesäcken und fünfzig anderen Fahrgästen, darunter bewaffnete Miliz in zerschlissenen Uniformen. Wir sind in der Demokratischen Republik Kongo.

Geschlagene zwei Stunden musste der rostige Lkw am Checkpoint der Rebellen »Bewegung 23. März« warten, als sie die Hauptstadt von Nord-Kivu gerade erst hinter sich hatten. Die letzte Etappe bis nach Bunagana, an die ugandische Grenze, ist Felicien gelaufen. Nachts. Allein, mit seinem Rucksack. In den hat er sein ganzes Leben gepackt: zwei Unterhosen, eine Hose, ein schwarzglänzendes Hemd und ein gutes Paar Schuhe. An den Füßen hat er blaue Flip-Flops mit durchgelaufenen Sohlen. Und in der Vordertasche seines Rucksacks steckt ein Umschlag mit dem Pass und einem Blatt Papier, darauf ein Name und eine Telefonnummer, die er anrufen wird, wenn er in Kampala ankommt: P. M. sind die Initialen eines kongolesischen Missionars, der seine Kirche mitten in der ugandischen Hauptstadt hat, im Viertel Makindye. P.M. stammt aus Bukavu, wie Felicien. Und dort, am Ufer des Kivu-Sees, hat er auch zuerst von ihm gehört. P.M. ist der, der die Leute nach Europa bringt. Und Europa, das heißt *bazungu* (weiße Europäer), große Häuser, SUVs, Taschen voller Geld, das man ganz leicht »macht«, Bier nach Herzenslust und Fleisch, so viel man will. Nicht wie hier, wo man sich abschinden muss, mit den Mehlsäcken, die man auf dem *chukudu*, dem hölzernen Lastenroller, transportiert und dann nur fünf Dollar kriegt, wenn überhaupt. Felicien stellt sich vor, wie viele Portionen Fleisch er in Europa verputzen wird. Nicht so wie jetzt, wo er im »Petit Resto Chez Chou Chou« nur reichlich Maniok mit einem Löffelchen Fleischsauce bestellt. Damit man etwas im Bauch hat und sich irgendwie satt fühlt. Aber doch nicht zufrieden, nein. Zufrieden kann Felicien erst sein, wenn er in Europa ist. Und mithilfe von P.M. wird er es bis dahin schaffen. Felicien ist einer der vielen Kunden von P.M. Wir befinden uns mitten in Schwarzafrika, einem Afrika mit reichen Bodenschätzen, das durch jahrzehntelange Konflikte verbittert und durch die Allgegenwart bewaffneter Gruppen tief gezeichnet ist und in dem die Menschen ihr Heil in Spiritualität und Religion suchen.

Die Reise, die diesmal vor uns liegt, ist mühsam und nicht ungefährlich. Die Region Kivu ist seit zwanzig Jahren Kriegsgebiet – ein Konflikt niedriger Intensität, so nennt man das: Gefechte zwischen Rebellengruppen oder Rebellen und Regierungstruppen, aufflammende Granatfeuer, wilde Schusswechsel in Kampfsituationen. Die Bevölkerung flieht zu Hunderttausenden und haust vielfach in Flüchtlingslagern. Wir brechen schließlich Anfang April 2013 nach Kigali, Ruanda, auf. Von dort nehmen wir den Bus zur kongolesischen Grenze. Dreieinhalb Stunden Fahrt über ruandische Straßen, von chinesischen Firmen frisch asphaltiert. Ein Paradies, verglichen mit den Straßen in Kivu, über die wir in wenigen Tagen fahren werden. An unseren Zielort zu gelangen, ist nicht leicht. Ein einheimischer Journalist hilft uns, die Grenzregion zu erreichen. Wir treffen unseren Kontaktmann an der Grenze zwischen Ruanda und dem Kongo, wo es wie gewöhnlich vor Minenarbeitern wimmelt. Die Begrüßung ist herzlich, so wie immer: zwei Küsschen auf die Wange, dann eine kurze Berührung der Stirn.

Die Zeit reicht nur für eine knappe Unterhaltung. Für ein schnelles Mutzig-Bier, dazu eine paar Spießchen Ziegenfleisch, dann wollen wir den Geländewagen begutachten, mit dem es weitergeht. Er muss top in Schuss sein: Wir fahren schließlich in Rebellengebiet, in das Gebiet der »Bewegung 23. März« nördlich der Hauptstadt Goma. Bis Bunagana geht es ungefähr vier Stunden lang über eine schlecht ausgebaute Piste. Der Vulkanboden dort ist hart, löchrig, mit scharfen Steinen. Da können blitzschnell die Antriebswellen brechen oder die Reifen platzen. Das Auto muss also hundertprozentig in Schuss sein, es darf uns nicht im Stich lassen. Bei eventuellen Auseinandersetzungen müssen wir abdüsen können wie ein geölter Blitz. Die Regierungstruppen und Rebellen im Kongo sind zwar großartige Kämpfer, aber häufig undiszipliniert und schlecht vorbereitet. Im schlimmsten Fall enden wir im Chaos eines Kreuzfeuers.

Ein befreundeter Journalist aus dem Kongo gab uns den Tipp einige Wochen, bevor wir in Mailand ins Flugzeug stiegen.

Er erzählte von Menschenschmuggel in großem Stil, in dessen Mittelpunkt ein seltsamer Missionar stehe. Wir überlegten nicht länger als ein paar Stunden, dann vertieften wir uns ins Internet, suchten nach passenden Flügen und informierten uns über bürokratische Hürden bei der Einreise.

Vom Opfer zum Tyrannen

P.M. ist ein gutes Beispiel dafür, wie fließend im Schleusergewerbe die Grenzen zwischen den Nutzern und den Anbietern einer Dienstleistung sein können. Vor allem, wenn der Dietrich, der die Grenzen öffnet, der Krieg ist. Oder besser gesagt, die genaue Kenntnis des Krieges. Hier gibt es keine Jachten, keine Schlauchboote oder Fischkutter. Keine Lastwagen und keine nächtlichen Grenzübergänge. Hier bringt einen allein die Kenntnis der endlosen Kriegswirren nach Europa. Und P.M. kennt den Krieg gut, weil er ihm seinerzeit entkommen ist. Und dank eines Konflikts, der nicht enden will, konnte er sich inzwischen als Schleuser etablieren. Manchmal muss man eben nur die Gabe besitzen, sich quasi wie von selbst vom potenziellen Kunden zum exzeptionellen Schleuser zu wandeln.

P.M. ist fünfunddreißig Jahre alt. Und wird, so Gott will, auch Felicien nach Europa bringen. Das kann unter Umständen etwas dauern, das weiß er ja, womöglich fünf Jahre, aber irgendwann wird er da sein. Bestimmt. Weil er sich ganz auf seinen Schleuser verlässt. P.M. ist ein Missionar. Und man nennt ihn nicht nur so, er ist wirklich Missionar. Priester, auch wenn er kein Gelübde abgelegt hat, aber er hat eine Kirche in Kampala, der Hauptstadt Ugandas. In einem Viertel mit vielen Flüchtlingen hat er eine protestantische Kirche errichtet. Sie wird von vielen Gläubigen aus dem Kongo besucht, die vor den Konflikten geflohen sind. Aus Maniema, Masisi, Rutshuru, wo die Rebellen sind und erbittert gekämpft wird. Wer von da flieht, dem gewähren die Behörden Ugandas problemlos politisches Asyl. Dann folgt noch das Verfahren bei dem UNHCR, dem Flüchtlingshilfswerk der Vereinten Nationen. Aber erst mal wartet das Gespräch mit der Polizei in Kampala auf einen. Und hier kommt P.M., der Missionar, ins Spiel, der Schleuserboss, der die Route vom Kongo nach Europa kontrolliert. Aber nennt ihn besser nicht so, er möchte einfach nur »der Missionar« genannt werden. Im Grunde ist er ja ein Wohltäter.

Den kongolesischen Grenzposten in Bunagana hat Felicien schnell passiert. Keiner kontrolliert ihn wirklich. Da reichen schon die 2000 Kongo-Franc, ungefähr zwei Dollar, die er herüberschiebt. Ein junger Mann, der nichts als seinen Rucksack dabeihat, interessiert die Rebellen nicht. Klar kontrollieren sie ihn, aber lustlos. Und sein Geld finden sie auch nicht, weil der Missionar ihm genau erklärt hat, wann er in Bunagana über die Grenze muss und wo er die Dollarscheine am besten versteckt. Am späten Vormittag, wenn hier Gedränge herrscht, dann muss man über die Grenze, wenn massenhaft Leute mit Waren auf dem Rücken rüberwollen. Felicien gelangt beinah unbemerkt auf die andere Seite. Er dreht sich noch einmal um, beobachtet den Rebellen, der längst den nächsten kontrolliert, und nimmt Abschied von Nord-Kivu, seiner Heimat, dem Kongo. Er begibt sich nun nach Uganda, zu dem Missionar, der ihn schon erwartet. Bis Kampala sind es zwei Stunden Busfahrt über asphaltierte Straßen. Und dann kommt Europa.

Der Missionar hat einen engen Terminplan. Er geht abends um zweiundzwanzig Uhr ins Bett und steht morgens um sechs Uhr auf. Dann trinkt er als Erstes einen Tee, duscht und kontrolliert die E-Mails und Anrufe, die auf seinen drei Handys eingegangen sind. Zwei davon mit doppelter SIM-Karte. Der Missionar besitzt fünf Telefonnummern. Der Missionar spricht mit Gott, wenn er in Kampala Gottesdienst abhält, und mit seinen Kunden, die nach Europa wollen. Kurzum: Reden gehört zu seinem Beruf und ist ein Teil von ihm.

Nachdem er Post und SMS durchgegangen ist, schlüpft er in eine tief sitzende Jeans, über der seine Unterwäsche blendendweiß und blütenrein hervorlugt, dann in spitze Schuhe, blank gewienert, und in ein buntes Hemd. Mehrmals am Tag bleibt er bei einem Schuhputzer stehen, damit seine Schuhe immer sauber glänzen. Der Look ist ihm wichtig, dem Missionar. Und dass er den Frauen gefällt. Er ist verlobt, baggert aber trotzdem die jungen Mädchen an, die seinen Predigten lauschen. Die kommen alle aus dem Kongo und gehören, wie er, zur Volksgruppe Hunde. Außer der Kirche hat er im Slum von Kampala ein Aufnahmezentrum für kongolesische Flüchtlingskinder errichtet. Er kümmert sich nämlich um Kinder genauso wie um die Akten seiner vielen Kunden. Aber ja, er kümmert sich um die Kinder der Kunden, denen er zur Flucht nach Europa verholfen hat. Und die für ihre Kinder jeden Monat 100 Dollar schicken, über Western Union.

Der Krieg: ein gutes Geschäft

Das Aufnahmezentrum ist ein wichtiger Pfeiler im Netzwerk und Schleusergeschäft unseres Mannes. In Kampala, der Hauptstadt von Uganda, stranden Jahr für Jahr Abertausende von kongolesischen Flüchtlingen. Sie halten ihn über die zahlreichen Rebellenbewegungen und Gefechte auf dem Laufenden. So weiß er, wo im Kongo die »heißen Gebiete« liegen. Und wer das weiß, weiß auch, was er der Polizei in Uganda erzählen muss: »Ich komme aus Kitchanga, ja, der Stadt mit dem Massaker. Ja, die Kämpfe gehen weiter, es ist die reinste Menschenjagd. Ich will weg, da bin ich nicht sicher …«

Jemand aus Kampala, der den Missionar sehr, sehr gut kennt, erzählt uns, dass er in nur wenigen Jahren wahrscheinlich mindestens tausend Kongolesen geholfen habe, nach Europa zu gelangen. Und viele seien keine politischen Flüchtlinge gewesen, weil sie gar nicht aus den »heißen Gebieten« kamen, aus Kitchanga oder aus Rutshuru in Nord-Kivu, wo Rebellengruppen unter Führung der Tutsi regelmäßig brandschanzend durch die Gegend ziehen. Sie kamen aus ganz anderen Regionen, manche aus der Hauptstadt Kinshasa oder sogar aus Kongo-Brazzaville. Aber wer einmal in Kampala ist, gibt seinen Pass einfach dem Missionar, der ihn verschwinden lässt und einem zu einer neuen Identität verhilft. Und zu einer neuen Geschichte, die man den ugandischen Behörden erzählen kann.

Der Missionar nutzt zwar einen offiziellen Kanal, den für Asylberechtigte, aber er hilft den Flüchtlingen, diesen Status vorzutäuschen. Zu seinem »Netzwerk« gehören Mitarbeiter in der Demokratischen Republik Kongo und »Freunde« bei der ugandischen Polizei. »Freunde«, die er bezahlen muss. Und er versteht sich gut mit zahlreichen NGOs, die sich um Flüchtlinge kümmern. Denn andererseits ist er ja selbst Flüchtling: Bis 2007 lebte er im Lager von Kyaka, in dem damals achttausend Kongolesen hausten. Aber dann hat er in Kampala geheiratet und ein Pädagogikstudium abgeschlossen. Darum darf er das Aufnahmezentrum für Minderjährige leiten. Dass er das Asylverfahren und die ugandische Bürokratie so genau kennt, hat seine Position nachhaltig gefestigt.

Der Missionar ist ein begnadeter Schauspieler, der sein Glück, seinen Aufstieg und seinen neuen Mercedes – neben einem Pajero von '95 und drei Motorrädern – guten Kontakten und seiner Erfahrung verdankt. Er ist kein kleiner Schleuser, sondern er schmiedet unglaublich raffinierte Intrigen, Beziehungen und Freundschaften, die er gern mit Geld unterfüttert. Aber vor allem hält er sich über die Entwicklung der humanitären Krise im Kongo auf dem Laufenden. Solange es nämlich bewaffnete Gruppen und Tutsi-Aufstände, solange es immer wieder neue Mai-Mai-Milizen gibt, so lange strömen die Menschen weiter ins Land: neue Flüchtlinge, deren wertvolle Identität und tragische Geschichte man entwenden kann. Und so lange kann jemand glaubhaft den Nachbarn von Madame »Double Sim« aus Kitchanga mimen, von jener Frau, die während der Kämpfe um die Stadt so unglaublich barbarisch von Kalaschnikow-Salven niedergestreckt wurde. Und an deren Grab der junge Ehemann so furchtbar geschluchzt hat. Und die das beste Esslokal in Kitchanga führte. Wenn man das erzählt, in allen Einzelheiten, mit Ziegenspießchen und Mutzig-Bier, das immer ein wenig warm war, weil der Generator so oft ausfiel, wenn man dann noch drei andere Namen erwähnt, die der Missionar einem genannt hat, drei Namen von Leuten, die man in Kitchanga kennt; wenn man sich außerdem noch an den 27. Februar 2013 erinnert, an das Massaker durch Regierungssoldaten – eine schlimme Geschichte, zwei verfeindete Anführer, zwei Armeen, die um ein viel zu kleines Gebiet kämpften –, ja, wenn man all das erwähnt, nicht zu vergessen natürlich Pater Faustino Mbara aus Kitchanga (wirklich ein tüchtiger Pater), wie soll der ugandische Polizist einem da nicht glauben? Wie kann er einem da nicht glauben, dass man aus Kitchanga kommt?

Jeder der Schritte, den der Flüchtling unter Anleitung des Missionars macht, hat natürlich seinen Preis: die Einreichung der Unterlagen bei der ugandischen Polizei kostet 100 bis 150 Dollar pro Person, die Nachverfolgung von Unterlagen und Kundenakten von der Polizei bis zur Hilfsorganisation InterAid 150 bis 200 Dollar. Und das gesamte – möglicherweise drei Jahre dauernde – Verfahren bis zur Ausreise in eines der drei angegebenen Länder 5000 Dollar – oder sogar 8000 Dollar, wenn das Verfahren beschleunigt werden soll. Das ist der Preis, den ein neues Leben kostet.

Der Asylantrag des Flüchtlings geht in Kampala durch diverse Hände, ehe er schließlich beim UNHCR landet: Grenzpolizei, Flüchtlingsabteilung im Amt des Premierministers, Nichtregierungsorganisationen wie Refugee Law Project oder InterAid, die die Angaben des Antragstellers in Zusammenarbeit mit dem UNHCR prüfen.

Laut unserer Zeugen ist der Missionar überall bestens eingeführt, er kann die Bearbeitung der Unterlagen tatsächlich beschleunigen, und er weiß vor allem, wie seine Kunden »die Prüfung bestehen«.

Für den Missionar könnten die Dinge nicht besser laufen. Es gibt Tausende von Kongolesen und Ugander, die lieber heute als morgen nach Europa wollen. Und wenn er von Kampala einmal die Schnauze voll hat, kehrt er zur Abwechslung nach Süd-Kivu, nach Bukavu zurück, wo er mehrere Häuser besitzt.

Felicien ist in Kampala mit 2500 Dollar, gut versteckt in den Schuhsohlen, angekommen. Voraussichtlich kann er in einem Jahr seinem Bruder nach England hinterherreisen. Der Missionar bleibt im Geschäft. Mit einem Gottesdienst hier, einem Gottesdienst da und dazwischen ein paar Scheinen, die er einem ugandischen Beamten zuschiebt.

MENSCHENSCHMUGGEL IN DREI ZÜGEN

Maßgeschneiderte Reisen

Der Menschenschmuggel besteht aus drei klar getrennten Schritten: Akquise, Transport und Einschleusung in das Zielland. Natürlich darf kein einziges Kapitel des kriminellen Drehbuchs ausgelassen werden. Die Akquise ist der, sagen wir, »kaufmännische« Part in dem mächtigen und hochorganisierten illegalen Reisebüro. Als Mitarbeiter des Reisebüros verteilt der Agent quasi die Flugblätter, macht Werbung für seine supergünstige Europareise, stellt seine unwiderstehlichen Angeboten zum Grenzübertritt ins Schaufenster und produziert die Flyer: mit den besten Routen und der Chance, ein neues Leben anzufangen. Inklusive der jeweiligen Preise natürlich.

Du hast kein Geld, willst oder musst aber trotzdem »verreisen«? Da hätten wir das »Basis«-Angebot: das absolute Minimum zu volksnahen Preisen. Dabei helfen wir dir auf einzelnen illegalen Streckenabschnitten, wenn du es allein nicht mehr schaffst, aber nur, wenn du es wirklich wünschst und brauchst. Klar, die Routen sind manchmal ein wenig holprig und abgelegen – Zollbeamte kann man bei den Preisen natürlich nicht bestechen – und die Transportmittel eher behelfsmäßig. Es könnte unbequem werden, du musst viel zu Fuß gehen, und ein gewisses Risiko gibt es auch. Aber so ist das eben, dafür stimmt das Preis-Leistungs-Verhältnis.

Du kannst dir etwas mehr leisten, und dein Weg bis nach Europa ist sehr weit? Dann wäre die »Gruppenreise« genau das Richtige für dich. Keine Luxusreise, aber praktisch und bequem, und du kannst große Entfernungen überwinden. Das Reisebüro kümmert sich dabei um alles: um die Etappen und Unterbrechungen, um Unterkunft und Verpflegung, um Beförderungsmittel zu Land und zu Wasser. Nirgendwo irgendwelche Verhandlungen, das Reisebüro erledigt das für dich, bei den lokalen Anbietern springen so natürlich bessere Preise heraus. Und mit Begleitung, einem Führer in jedem Land. Klar, man reist zu mehreren, mit Menschen, die man wahrscheinlich überhaupt nicht kennt. Ihr seid zu vielen, da kann es sein, dass die Situation schon mal aus dem Ruder läuft, es chaotisch oder gefährlich wird. Ja, auch die Zahlung können wir individuell regeln. Man kann den Gesamtbetrag vor der Abreise zahlen, dann kann man es bei Nichterfolg noch mal versuchen. Oder man zahlt die Hälfte sofort und den Rest erst, wenn man am Zielort ist. Auch Ratenzahlung ist möglich, wenn du irgendwelche Sicherheiten bieten kannst.

Du kannst dir noch mehr leisten? Du bist einen gewissen Komfort gewöhnt und in Eile? Du wünschst eine Flugreise, allein oder mit deiner Familie? Das geht auch. Das Reisebüro kann dir eine falsche Identität und einen gefälschten Pass beschaffen. Und natürlich eine Ausreisegenehmigung für den Passinhaber, oder? Falls nötig, können wir bei Ankunft auch ein Auto bereitstellen, damit du so schnell wie möglich verduften kannst. Du möchtest erste Klasse fliegen? Kein Problem.

Da müssten wir nur wissen, in welches Land du genau willst, weil die Preise unterschiedlich sind. Ja, die Rechnung könnte am Ende gesalzen sein, aber Luxus, Komfort und die Gewissheit, ans Ziel zu kommen, die kosten eben.

Die Agenten

Das ist beileibe kein Scherz. Genauso beginnt die Akquise: mit dem Verkauf von »Paketen« für die gewünschten Reiseländer. Der Flüchtling spielt mit dem Gedanken, sein Leben zu ändern und nach Europa aufzubrechen, und entscheidet sich schließlich dafür. Dann zahlt er – häufig im Voraus, aber nicht immer – den Preis, zu dem man ihn an den gewünschten Zielort bringt: nach Italien, Frankreich, Norwegen.

Laut dem Bericht des Büros der Vereinten Nationen für Drogen- und Verbrechensbekämpfung von 2011 variieren die Methoden der Kundenakquise je nach Herkunftsland: So verlassen sich die asiatischen Menschenschmuggler vor allem auf die Mundpropaganda unter Freunden und Familie. Auf diese Weise werden etwa die 30.000 bis 40.000 illegalen chinesischen Einwanderer angeworben, die nach Angaben der US-Behörden jährlich mithilfe von Schleusern einreisen. Dann gibt es – und das ist keinesfalls metaphorisch zu verstehen – legale und halblegale »Reisebüros«, die die Beförderung der Flüchtlinge organisieren. Darauf verlassen sich etwa einige türkische kriminelle Organisationen oder auch manche »Reiseveranstalter«, die den Menschenschmuggel von Westafrika aus organisieren. Die »Reisebüros« spielen vor allem bei der Einschleusung per Flugzeug eine wichtige Rolle, wie aufgedeckte Fälle aus aller

Welt zeigen. Manchmal mischen die Reisebüros sogar normale Reisende mit Flüchtlingen oder organisieren, wie einige seltene Beispiele zeigen, sogar Charterflüge. Unter Umständen kaufen sich kriminelle Banden auch bei Reiseunternehmen ein. Der ehemalige Staatsanwalt der nationalen Direktion zur Bekämpfung der Mafia, Piero Luigi Vigna, hat schon vor Jahren angeregt, das Phänomen aufmerksamer zu verfolgen, und beklagt, dass die fehlenden zentralen Zulassungs- und Aufsichtsstrukturen für Reiseveranstalter in einigen osteuropäischen Ländern die Einschleusung der Flüchtlinge häufig erst ermöglichen.

Eine wichtige Rolle spielt sodann der direkte Kontakt zu Agenten und Mitgliedern der Organisation. Sie haben die ausdrückliche Aufgabe, Leute zu akquirieren, die das Land verlassen und im Ausland ihr Glück machen wollen. Die »Agenten« oder »Vermittler« können dabei durchaus zu mehreren arbeiten, wobei jeder Agent für ein bestimmtes Gebiet zuständig ist: ein Dorf, einen Stadtteil, eine Region.

Die Akquise kann auch Werbung in lokalen Zeitungen, im Radio oder im Internet umfassen, über die der Kontakt zu Reisebüro, Vermittler oder Schleuser hergestellt wird. Dabei spielt das Internet inzwischen nicht nur für die Kunden-, sondern auch für die Mitarbeiterakquise eine zunehmende Rolle. Im Juli 2013 wurde, wie die Presse berichtete, der bekannte Schleuser José Gustavo Diaz-Velasquez in den USA zu sieben Jahren Haft verurteilt. Er gehörte zu dem großen kolumbianischen Golf-Kartell und hat seine *coyotes*, die die Flüchtlinge über die mexikanisch-amerikanische Grenze schmuggelten, über die bekannte Craigslist akquiriert, eine Internetseite für Kleinanzeigen.

Laut Grenzpolizei suchte er die Fahrer, die die Flüchtlinge durchs Tal des Rio Grande transportierten, über Anzeigen im Internet. Eine Kleinanzeige führte schließlich zu einem Appartement in der texanischen Stadt McAllen, das seiner Ehefrau gehörte.

El Douly in Oberägypten verlässt sich dagegen auf Agenten, die seine Kunden in den Dörfern akquirieren. »Ich quatsche Familienangehörige von Leuten an, die es schon nach Europa geschafft haben. Die selbst miterlebt haben, wie das Geschäft läuft. Ich sage ihnen, dass sie als Agent mehr verdienen können, als die Reise ihres Bruders nach Italien gekostet hat, noch dazu können sie mit ihrer Familie in Ägypten bleiben. Wichtig ist aber, dass meine Agenten der Religion angehören, die in ihrem Dorf überwiegt, ob sie also Christen oder Moslems sind«, erläutert er. Und schon wären wir wieder bei dem Vertrauen, auf dem die Schleuserringe beruhen: Das Vertrauen kann aus der gemeinsamen ethnischen Zugehörigkeit, in Dörfern mit mehreren Konfessionen aber auch aus der Religionszugehörigkeit erwachsen. In Ägypten gibt es zahlreiche koptische Christen, aber sie stellen in nur wenigen Dörfern die Mehrheit. Da ist es doch besser, wenn der Agent dem Glauben angehört, zu dem sich der größere Teil der Bevölkerung bekennt. In einem Dorf mit überwiegend christlicher Bevölkerung wird er also Christ, in einer Muslimhochburg Muslim sein.

Und dann ist da noch der psychologische Aspekt. El Douly hat in diesem Punkt eine klare Strategie: »Ich nehme ängstliche Leute, die keine Ahnung von dem haben, was außerhalb ihres Gebiets passiert. Die Agenten dürfen nicht zu gewieft sein. Ich zahle gut. Letztendlich spülen sie mir ja das Geld in die

Taschen, da zahle ich ihnen doch besser eine gute Provision. Wer dankbar ist, arbeitet nämlich auch ordentlich. Mich wollten schon viele Leute reinlegen. Aber ich bin nicht immer der Gentleman, den ihr hier vor euch seht ...«

Die meisten Flüchtlinge, mit denen wir in den letzten sechs Jahren gesprochen haben, erzählen, dass sie ihren Schleuser über Mundpropaganda kennengelernt haben. Noch in den verlassensten Bergdörfern Afghanistans oder Pakistans wissen die Leute genau, wen sie ansprechen müssen, wenn sie wegwollen. Man muss ja nur ein wenig rumerzählen, was man vorhat. Dann findet sich immer jemand, der jemanden kennt, der schon mal den richtigen Typen angequatscht hat. Allerdings kann man auch einfach, was sehr beruhigend ist, seine Landsleute in Italien anrufen, die, die es geschafft haben, die wissen, wie es läuft, und den richtigen Mann kennen. Bei der Akquise kommt es vor allem darauf an, dass die Leute Vertrauen in den Schleuser haben. Wenn sich herumspricht, dass ein Schleuser die Leute tatsächlich ans Ziel bringt, dann laufen seine Geschäft umso besser. Wenn ein Menschenschmuggler aber viele Reisen in den Sand setzt, wenden sich die Kunden lieber an andere.

Die Gesetze des Marktes sind knallhart: Wenn ein Reiseveranstalter, ein Reisebüro, ein Reiseunternehmen nicht zufriedenstellend arbeitet, gehen die Leute woanders hin. Das hat uns El Douly ja genau erklärt: wie wichtig es ist, dass man sich um seine Kunden kümmert. In manchen Gegenden Ägyptens küsst man ihm die Hand, in anderen sähen ihn die Leute am liebsten tot. Seinen Kopf wollen natürlich die Eltern der Jungs, die ertrunken sind, die es nicht nach Europa geschafft haben.

Der Transport

»Sure we can«, so lautet der Slogan eines weltweit führenden Kurierdienstes: Versenden Sie Pakete, Päckchen und Dokumente in nur wenigen Stunden rund um den Globus. Waren überwinden jede Grenze. Dasselbe gilt für Schleuser: Genau hier kommt nämlich ihr Unternehmergeist ins Spiel.

Die Transport- oder Reisephase kann lang und kompliziert sein, vor allem, wenn die illegalen Einwanderer aus Ländern kommen, die von ihrem Reiseziel sehr weit entfernt sind, und daher mehrere Grenzübergänge passieren müssen. Dann muss der Schleuser sein ganzes Können aufbieten und auch Hilfe von kompetenten Kollegen in Anspruch nehmen.

Babu Singh ist ein Inder, sechsundzwanzig Jahre alt. Er stammt aus dem Punjab, einer Region im Norden des Landes, an der Grenze zu Pakistan. Inzwischen lebt er wieder in seinem Land, aber er hat einige Jahre in Spanien verbracht. Wir trafen ihn im Juni 2008 in Ceuta – zwei Jahre, nachdem er sich einem Schleuser im Punjab anvertraut hatte. Dieser machte ihm ein Angebot: 10.000 Euro für die Einschleusung nach Europa, innerhalb eines Monats, mit Erfolgsgarantie. »Keine Sorge, das klappt«, hat er gesagt. Und so flog Babu Singh mit Pass und regulärem Ticket bis Addis Abeba, in Äthiopien, und weiter nach Bamako, in Mali, wo ihn schließlich ein anderer Schleuser in Empfang nahm. Der war für den schwierigen Teil der Reise zuständig, gen Norden, denn von nun an würden Reisepässe allein nicht mehr genügen.

Babu und die anderen Inder, die in jenen Jahren die Route nahmen, hatten mit mindestens drei Schleusern zu tun: einem

Malier, einem Algerier und einem Marokkaner. Außer dem Inder zu Anfang. Vier Schleuser für vier Etappen über sage und schreibe drei Kontinente.

Manchmal bleiben die Flüchtlinge monatelang in »Sammelländern«, wo sie relativ sicher sind und darauf warten, dass es weitergeht. Die Inder, mit denen wir gesprochen haben, blieben beispielsweise zwei Monate in Bamako, wo genau, wussten sie nicht. »Ein Haus irgendwo« in der Hauptstadt. Sie bekamen Essen, Wasser, aber ja nicht zu viel, dem Schleuser genügt es schließlich, wenn der Flüchtling nicht abkratzt. Zusatzleistungen: keine. »Irgendwann aßen wir sogar Sand«, erinnert sich Babu und erzählt von dem Weg durch die Wüste Richtung Norden, an die nordafrikanische Küste. »Es war der reinste Albtraum, Tag und Nacht nichts als Sand. Zwei Mitreisende sind gestorben. Sie haben sie einfach in Säcke gepackt und in den Dünen liegen lassen. Die störten nur noch.«

Die Schleuser nutzen verschiedene Transportmittel: Pkw, Lkw, Wohnmobile, Lieferwagen, Schlauchboote oder Motorboote, sogar Flugzeuge. Einzelne Reiseetappen können dabei durchaus legal sein, das heißt, die Grenze wird rechtmäßig passiert. Nordafrikaner erhalten beispielsweise problemlos ein Visum für Istanbul und einen Flug in die Türkei, können aber unmöglich ein Flugticket nach Europa kaufen, weil sie dafür eine Ausreiseerlaubnis brauchen. Darum ist die Transportphase so lang und kompliziert.

Babu Singh, Gurjit und andere indische Mitreisende versteckten sich schließlich im Wald von Nadore, oberhalb Ceuta, in einem Zeltlager. Nach zwei Jahren, die sie im Aufnahmelager der spanischen Stadt verbracht hatten. Ceuta ist – wie Melilla –

eine spanische Enklave auf marokkanischem Territorium. Die Stadt gehört zu Europa, aber nicht zum Schengenraum. Wer einmal in Ceuta ist, hat zwar den alten Kontinent erreicht, ist aber in Wahrheit Gefangener auf einem Fleckchen Erde inmitten von Marokko.

Erst kürzlich, am 17. und 18. September 2013, haben wieder mehr als Hundert Flüchtlinge aus Schwarzafrika den doppelten Sicherheitszaun der Stadt gestürmt. Und viele sind in die Stadt gelangt. Die Flüchtlinge entern Europa, nicht mehr und nicht weniger. Die Generalprobe für den Sturm auf die Festung fand 2005 statt: Damals drangen monatelang Dutzende von Flüchtlingen ein. Dreizehn starben, vier davon in Ceuta, als die spanische und marokkanische Polizei das Feuer auf sie eröffnete. In den letzten Jahren gab es in beiden Enklaven mehrere Zwischenfälle, bei denen Flüchtlinge umkamen, weil sie von dem fünf Meter hohen, mit Stacheldraht bewehrten Zaun stürzten.

Wenn die Flüchtlinge schließlich (immer seltener) die beiden spanischen Enklaven auf afrikanischem Boden erreichen und die gelb-roten Fahnen im Wind flattern sehen, glauben sie sich im siebten Himmel. Dann bemerken sie den Betrug. Wie Babu, den 2008 ein marokkanischer Schleuser im Armaturenbrett seines Autos nach Ceuta schmuggelte. Schon ein paar Monate später taufte er die Enklave, die ihn erst zum Lagerleben verdammte und dann im Wald hausen ließ, »das süße Gefängnis«.

Auf der Reise können die Schleuser, wie wir mit eigenen Augen gesehen haben, auf korrupte Beamte, auf Hoteliers und Privatleute zählen, die Verpflegung und Unterkunft bereitstellen. »Das ist so ähnlich wie mit den Zigarettenschmugglern vor vielen Jahren hier in Apulien«, erläutert Cataldo Motta, Leiter der Staatsanwaltschaft am Gericht Lecce. »Die Leute gucken weg, sie helfen mit kleinen Handreichungen und merken vielleicht noch nicht einmal, dass es nicht in Ordnung ist, was sie tun. Aber für die Schmuggler ist ihre Hilfe von unschätzbarem Wert. Beim Transport und bei der Ankunft am Zielort sind sie auf bestimmte Ressourcen angewiesen: stilles Einverständnis, Unterstützung, Räume, wo man die Menschen unterbringen kann. Die Leute drücken ein Auge zu und wissen womöglich nicht einmal, wie wichtig sie eigentlich sind.«

Wenn zu einem Polizisten, der ein Auge zudrückt, noch ein gut gefälschter Pass kommt, dann ist die Sache in trockenen Tüchern. Denn man kann die Reise selbstverständlich auch mit gefälschten Papieren bestreiten. Manche chinesischen und albanischen Organisationen sind geradezu Meister darin. Sie sind die allerbesten, wenn es um den Austausch von Personen im Transitbereich der großen europäischen Flughäfen, einer gigantischen Vorhölle, geht – worauf wir später noch zurückkommen –, und die zweitbesten, wenn es auf gefälschte Papiere ankommt.

Freier Eintritt

Der allerwichtigste, der alles entscheidende, der Moment des Triumphes ist für den Schleuser dann gekommen, wenn der Flüchtling die letzte Grenze unbemerkt passiert. Wenn er in Malpensa in das Gesicht des Zollbeamten blickt, dieser ihm lächelnd den Pass zurückgibt und ihn durchwinkt, wenn er blinzelnd nach draußen guckt, sobald sich der Kofferraum, in dem er stundenlang gekauert hat, langsam öffnet und er merkt, dass alles gut gegangen ist, er die Fähre im Hafen von Bari verlassen und die Kontrolleure ausgetrickst hat. Oder wenn sich vor Lampedusa, nach Tagen und Nächten auf dem Meer, der italienische Küstenschutz nähert oder er über einen Sandstrand bei Salento stapft, während einige Hundert Meter weiter draußen die Luxusjacht vor Anker liegt und nur darauf wartet, nach sechs langen Tagen in die Türkei zurückzukehren. Das Räderwerk der Menschenhändler arbeitet nur auf diesen einen Moment hin, den Moment, in dem sich die Vereinbarung, der Vertrag zwischen Flüchtling und Schleuser erfüllt. Dann kann der Schleuser triumphieren: Er hat seine »Ware« über die Grenze geschmuggelt und eine Bresche in die Festung Europa geschlagen.

Die Einreise in das Zielland kann legal oder illegal erfolgen. Mit einem Studenten- oder Touristenvisum etwa kann man legal einreisen. Ebenso mit einer Arbeits- und Aufenthaltserlaubnis, die man unter freundlicher Mithilfe von Privatpersonen oder Unternehmen erhält, die sich als Arbeitgeber ausgeben – und Scheinarbeitsverträge unterschreiben, damit der Schleuser eine Aufenthaltserlaubnis für seine Flüchtlinge beschaffen kann, mit der sie sich frei im Land bewegen können. Einen Passierschein, mit dem sie in alle EU-Staaten reisen dürfen. Auf diese Weise besitzen sie ein gültiges Dokument. Illegal ist nur die Art, wie es beschafft wurde – und die wir weiter unten erläutern, wenn wir Kabirs Geschichte erzählen.

Eine andere legale Methode ist ein Antrag auf politisches Asyl, nachdem man die Grenze passiert hat. Allerdings hat ein

Asylantrag so seine Tücken. Nur Angehörige weniger Nationalitäten haben nämlich Anrecht auf internationalen Schutz. Hier bietet sich als Strategie natürlich an, seine Nationalität zu verschweigen und sich als Angehöriger eines Landes auszugeben, in dem Krieg herrscht. Aber auch das kann klarerweise nicht jeder, weil die europäische Polizei die Methode gezielt bekämpft, mit Gesprächen in Landessprache. Viele Schwarzafrikaner geben sich beispielsweise als Somalier oder Eritreer aus, doch die Polizei klopft ihre Landeskenntnisse haargenau ab. Manchmal helfen dem Flüchtling allerdings auch unklare Verhältnisse. Wer beispielsweise Paschtune ist und einen pakistanischen Pass besitzt, hat kein Recht auf Asyl. Wenn der paschtunische Pakistani aber seinen Pass vernichtet und sich als Afghane ausgibt – die Paschtunen leben auf beiden Seiten der Grenze –, dann öffnen sich die internationalen Schutztore wie von Zauberhand.

Bei der illegalen Einreise gibt es wiederum zwei Möglichkeiten: mit und ohne Grenzkontrollen. Die Methoden erinnern dabei stark an den früheren Zigarettenschmuggel. Beim illegalen Grenzübertritt ohne Grenzkontrollen geht der Flüchtling mithilfe von Schleusern oder erfahrenen Führern in unwegsamem Gelände oder per Boot über die Grenze. Hier ist Mexiko mit seinen löchrigen Grenzen zur USA ein gutes Beispiel. Aber ebenso die Route durch die slowenischen und italienischen Berge, auf der Lončarić seine Karriere aufgebaut hat. Oder die asiatischen Länder, in denen die Menschenschmuggler von eingeschränkten Grenzkontrollen profitieren. Bei der illegalen Einreise mit Grenzkontrollen arbeiten die Schleuser mit gefälschten Papiere, wobei hier häufig korrupte Grenzbeamte ihre Hand mit im Spiel haben: so etwa bei vielen Flüchtlingen, die mit dem Flugzeug ankommen.

Haben die Flüchtlinge ihren Zielort einmal erreicht und die Reisekosten beglichen, überlässt man sie ihrem Schicksal. Nicht selten treibt sie das Leben am illegalen Rand der Gesellschaft dann in die Hände anderer krimineller Banden, häufig derselben Ethnie, oder in die von skrupellosen Arbeitgebern: Der Kreislauf der Ausbeutung führt wiederum zu Schwarzarbeit und Straftaten im Ankunftsland. Globale Phänomene wie die illegale Einwanderung schlagen sich also auf lokaler Ebene nieder: In der Angst auf unseren Straßen und in der politischen Instrumentalisierung offenbart das weltweite Geschäft mit den Flüchtlingen seine lokale Fratze. Leider richtet sich unsere Aufmerksamkeit viel zu selten darauf, in welchem Ausmaß sich internationale kriminelle Phänomene wie Schleuserringe ganz konkret auf das Leben in unseren Städten auswirken.

Schleuser 2.0

In allen Phasen des Geschäfts machen sich die Menschenhändler die neuen Technologien und Kommunikationsmittel verstärkt zunutze: Sie sind zur unverzichtbaren Ressource geworden. Aktivitäten lassen sich so effizienter organisieren und durchführen und die Risiken gleichzeitig senken. Die Schleuser können heute blitzschnell über Internet, WLAN- oder Satellitennetze kommunizieren, und der Informationsaustausch, etwa über Skype, ist dabei immer schwerer nachzuverfolgen. Die besten Fälscherdokumente am Schwarzmarkt verschaffen sie sich einfach online.

Wie zahlreiche Untersuchungen zeigen, telefonieren die Schleuser vielfach über Handy und wechseln dabei häufig ihre SIM-Karten. »Das Handy ist für den Schleuser ein unerlässliches Kommunikationsmittel«, stellt Filippo Spiezia fest. Der Staatsanwalt bei der nationalen Direktion zur Bekämpfung der Mafia, der sich lange mit dem Schleuserwesen beschäftigt hat, erläutert: »Sie unterscheiden sich darin von vielen anderen kriminellen Banden, die die Finger lieber vom Telefon lassen. Aber schließlich müssen sie ja über weite Entfernungen miteinander reden, sie können also schlecht mit ›Kassibern‹ arbeiten. Eigentlich ist es fast dreist, wie hemmungslos sie das Handy nutzen. Aber genau das ist ihre Achillesferse.« Gerne drückt man heute Flüchtlingen in Tunesien oder Libyen, die die Route nach Lampedusa nicht kennen, auch GPS-Geräte in die Hand.

Auch das Internet wird gern von Schleusern genutzt, weil sich so alle Phasen des Geschäfts anonymer und schneller erledigen lassen. In der Akquisephase können die Flüchtlinge darüber kontaktiert und die angebotenen Dienstleistungen beworben werden. In der Transport- und Einschleusungsphase kann man über Internet den Kontakt zwischen Schleusern und Flüchtlingen sicherstellen und darüber zudem die erforderlichen Betriebsmittel – gefälschte Papiere, Kreditkartennummern etc. – besorgen. Ein Europol-Bericht von 2011 bringt es auf den Punkt: »Das Internet erleichtert jede Art der Offline-Kriminalität, einschließlich der illegalen Einwanderung. Das Internet dient als Kommunikationsmittel, Informationsquelle, Marktplatz, als ein Bereich für Akquise und Finanzdienstleistungen [...]. Insbesondere die Anonymität, die Kommunikationstechnologien wie E-Mail, Instant Messenger und Internettelefonie (VoIP) bieten, macht diese für organisierte Banden attraktiv. Sie werden zunehmend genutzt, um Erkennungs- und Überwachungsmaßnahmen entgegenzuwirken.«

FLÜCHTLINGE, DIE VOM HIMMEL FALLEN

Der Schein trügt

»Ich weiß nicht, wie sie heißt. Keiner weiß ja ihren wirklichen Namen. Bei uns heißt sie die ›Große Schwester‹. Sie sagt uns, welchen Flug wir nehmen und was wir den Polizisten sagen sollen. Sie weiß alles. Wo sie wohnt? Irgendwo in Mexiko. Wo genau, weiß nicht mal ich. Ich bin für Europa zuständig. Ob ich Chinese bin? Nein, ich nicht. Ich helfe den Chinesen, aber ich stamme aus Singapur. Und das ist schon der erste Punkt. Aber noch zwei andere Länder solltest du dir merken: Malaysia und Südkorea. In den drei Ländern braucht man nämlich kein Visum, wenn man nach Europa will. Und damit arbeiten wir.«

Tag für Tag versucht die Flughafenpolizei in Mailand-Malpensa, die »Polaria« unter Leitung von Giuseppina Petecca, Leute wie Eric Teo ausfindig zu machen und festzunehmen.

Details, winzige Hinweise, Namensgleichheiten, ähnliche Gesichter, Flüge und wiederkehrende Geschichten – die sich irgendwann zu einem Verdacht, zu schrillenden Alarmglocken und schließlich zu Indizien verdichten. Der Polizist hinter der Glasscheibe in Mailand-Malpensa, oder Rom-Fiumicino, muss die Menschenströme, die tagtäglich an ihm vorbeiziehen, beobachten, sich Notizen machen und gleichzeitig bemerken, wer möglicherweise illegal mit einem Schleuser einreist. Keine leichte Aufgabe. Und das wissen die Schleuser genau. Im Transitbereich der Flughäfen, in dieser schillernden, gigantischen Vorhölle, wenden die Menschenschmuggler ihre raffiniertesten Tricks an. Wer sich nämlich in diesem komplexen, schattenreichen Höllenkreis diskret und klug zu bewegen weiß, der kann wahrhaft teuflische Machenschaften in Gang setzen und den passenden Dietrich finden, der Tausenden von irregulären Einwanderern die Türen öffnet. Denn man kommt hier ja im Flugzeug an, mit einem Ticket, das man ganz normal im Reisebüro gekauft hat. Mit leichtem Handgepäck in der Linken, dem Pass fest in der Rechten und einigen Schweißtropfen auf der Stirn.

Wenn der Grenzpolizist am Flughafen dem nächsten in der Reihe zunickt, damit er vortritt und seinen Pass vorzeigt, dann geht es schließlich um alles: Dann mustert einen der uniformierte Mann in der Glaskabine und blättert durch die Papiere. Seite für Seite gleiten seine Finger prüfend über das Papier, bis er das Blatt mit dem Foto und dem Namen aufschlägt. Der Abgleich am Scanner. Während er weiterhin auf das Foto blickt und den Ausländer, der da vor ihm steht, noch ein letztes Mal beäugt. Wenn alles klappt und der Passagier vor ihm die Prüfung besteht, kann er durchgehen. Dann lächelt er und dankt, dankt dem Polizisten, der nicht gemerkt hat, was er eigentlich hätte merken sollen; dankt Gott und Eric Teo und anderen wie ihm, die ihm zur Einreise nach Europa verholfen haben. Mit einem gefälschten Pass? Wieso, der Pass ist echt, alles ordnungsgemäß. Ein Pass aus Singapur. Nur ist der Mann Chinese, aus Shanghai, und das Foto zeigt nicht ihn – sondern jemandem, der dem Ausländer, der gerade nach Italien eingereist ist, zum Verwechseln ähnlich sieht. Dieselben Augen, dieselben leicht hängenden Mundwinkel. Sie haben doch in Singapur tatsächlich einen mit demselben traurigen Gesicht aufgetrieben! Sie gleichen sich wie ein Ei dem anderen. Kostenpunkt für die Dienstleistung: 1400 Dollar. *Bye-bye*, der Nächste bitte – zumindest so lange, wie sie einen nicht schnappen.

So arbeitet Eric Teo, Jahrgang 1973, wie gesagt aus Singapur. Bis die Polizei ihn in Malpensa auf frischer Tat ertappt hat. Dutzende Einreisen im Jahr, mit einer bewährten, wirksamen Methode. Erics Organisation besaß einen großen Vorrat an gestohlenen und verlorenen Pässen: von Menschen aus Singapur, Südkorea und Malaysia, die kein Einreisevisum für Europa benötigen. Von Menschen, die auf ihrem Passfoto ähnlich aussehen wie Chinesen. Je ähnlicher, desto besser.

Der Menschenhändler, der sich auf Flughäfen spezialisiert hat, muss noch ein wenig schlauer und gerissener sein als die anderen. Er gebraucht nur selten seine Beine oder Arme – und Waffen nie. Am organisiertesten und genialsten gehen dabei die Chinesen vor: Sie kennen die Flugpläne genau, sind äußerst strukturiert und teilen die Arbeit auf.

Eric Teo und sein Chef, die »Große Schwester«, haben hervorragende Arbeit geleistet. Sie planten die Flüge so, dass der Herkunftsort geschickt verschleiert wurde. Zu Beginn der Reise fliegt der Flüchtling noch mit echten Papieren und erst später, irgendwann auf seiner langen Reise, werden die echten gegen gefälschte Pässe ausgetauscht – oder gegen andere echte Pässe, die aber anderen Personen gehören und jedes Mal sorgsam aufbereitet werden.

Der Austausch der Papiere erfolgt also während der Reise. Europa ist für viele Chinesen nur Durchgangsstation auf dem Weg in die Vereinigten Staaten. Eine klassische Reiseroute verläuft etwa zunächst von Hongkong – über Kuala Lumpur und Damaskus – nach Mailand. Dann weiter nach Mexiko und in die USA. Bis nach Damaskus – wobei die Zwischenlandung in der syrischen Hauptstadt seit Ausbruch des Bürgerkrieges immer seltener wird – kommen chinesische Staatsbürger mit ihren eigenen Papieren. Dort tauschen sie diese gegen Pässe aus Malaysia, Südkorea oder Singapur. Und sie reisen nicht allein nach Malpensa. Ein Schleuser begleitet sie: ein Touristenführer, ein Reiseleiter – ein »Fährmann«, der sie auf die andere Seite bringt.

Die größte Schwierigkeit liegt darin, ein Foto zu finden, das dem Flüchtling wirklich ähnlich sieht. Das Foto muss haargenau passen. Natürlich gibt es auch noch die Möglichkeit, das Foto auszuwechseln. Aber wenn man da nicht ordentlich arbeitet, ist das Risiko, aufzufliegen, doch sehr hoch.

In Malpensa werden die illegalen Einwanderer dann zu zweit oder höchstens zu dritt vorstellig. Dabei redet allein der Schleuser, der jetzt als einziges Mitglied der Organisation dabei ist. Er spricht fließend Englisch und erklärt, dass die anderen Familienmitglieder seien. Er macht es also ein wenig wie Eric Teo. Aber an den Flughäfen arbeiten zig Leute wie er. In Italien gibt es noch einen weiteren Mitarbeiter, der zwei oder drei Übernachtungen im Hotel bucht und die illegalen Einwanderer weiter nach Mexiko schickt. Von dort versuchen sie schließlich, in die Vereinigten Staaten zu gelangen.

Die Ermittlungen von Giuseppina Petecca und der Polaria

gegen die chinesischen Organisationen nehmen eine entscheidende Wende, als Mexiko zwei malaysische Staatsbürger abweist und nach Italien, genauer gesagt nach Mailand-Malpensa zurückschickt. Die Polizei fertigt Fotos der beiden an und vergleicht sie mit denen in ihren Pässen. Es scheint so, als wären sie es wirklich, klar. Es scheint so. Aber wenn man beispielsweise den Augenabstand oder den zwischen Nase und Mund nachmisst, stellt man winzige Abweichungen fest. Abweichungen von wenigen Millimetern, die ein Gesicht, einen Gesichtsausdruck anders aussehen lassen. Bei Zweifeln greift Kontrolle Nummer zwei: der Anruf bei der Botschaft, hier also der von Malaysia, und die Anfrage, ob die Pässe als gestohlen oder vermisst gemeldet wurden. Jetzt fliegt der Betrug auf. Kein Wunder, dass sich beim biometrischen Vergleich zwischen Passfoto und dem Foto der Person, der der Pass angeblich gehört, kleine Abweichungen ergeben haben, die man mit bloßem Auge vielleicht gar nicht bemerkt.

»Die kriminellen Banden aus Nigeria gehen häufig nach diesem Muster vor: Nigerianerinnen mit italienischer Staatsangehörigkeit verleihen ihren Pass an nigerianische Frauen, die nach Kanada wollen«, erzählen uns die Beamten der Polaria in Malpensa. Natürlich müssen die Frauen sich ähnlich sehen. Und zwar ziemlich.

Aber wie funktioniert nun das Geschäft der Menschenschmuggler, die versuchen, die Grenzkontrollen an den europäischen Flughäfen auszuhebeln? Eric Teo ist dafür ein gutes Beispiel. Für seine Dienste verlangte er zwischen 1000 und 1400 Euro pro Person. Aber nicht er organisierte die Reise, sondern die »Große Schwester«, wie die Bandenmitglieder sie nennen: die große Unbekannte, die man nicht zu fassen kriegt, wer weiß, wo die steckt. Sie telefoniert mit Prepaid-Karten und hat alles im Griff.

Hinter dem System steckt eine Idee, gewissermaßen eine geniale Eingebung. Die »Große Schwester« nutzt die Schwachstellen des Visasystems: Pässe, die leichter zu fälschen sind als andere, »biologische« Ähnlichkeiten zwischen Personen unterschiedlicher Nationalitäten. Und sie profitiert von den Zwischenlandungen, von den großen, lockeren Maschen der mangelhaften Zugangskontrollen.

Petecca erläutert: »Die Pässe aus Malaysia oder Singapur, die wir gesehen haben, hatten mehrere europäische Einreisestempel: Spanien, Frankreich und andere Länder. Das Paradoxe ist ja, dass ein Pass um so glaubwürdiger wirkt, je häufiger er benutzt und abgestempelt wurde. Die vielen Stempel führen den Grenzpolizisten in die Irre. Das gilt genauso für gefälschte Pässe. Wenn ein Schleuser und sein Fälscher die Grenzpolizei einmal an der Nase herumgeführt haben, wird ihnen das also vermutlich auch ein zweites Mal gelingen, weil der Grenzbeamte darauf hereinfällt, das der Kollege vor ihm den Pass offensichtlich für vertrauenswürdig befand. Wer denkt beispielsweise nach sechs Stempeln schon, dass mehrere Beamte, vielleicht noch aus verschiedenen Ländern, einer Fälschung auf den Leim gegangen sind und der Pass in Wahrheit getürkt ist? Und dieser psychologische Effekt greift genauso, wenn der Pass zwar echt, aber die Person nicht die richtige ist. Allerdings gibt es hier ein weiteres pikantes Detail: Sechs Stempel heißen nämlich in diesem Fall, dass sechs verschiedene Personen den Pass benutzt haben. Sechs Personen, die mit Gesicht und Namen von ein und demselben Singapurer oder Malaysier nach Europa eingereist sind – der sein Land in Wahrheit nie verlassen hat.«

Rundreise durch das Belpaese

Sieben Tage. Flug nach Malpensa, erste Übernachtung in Mailand, dann mit dem Zug weiter nach Bologna, eine Übernachtung dort, anschließend zwei Übernachtungen in Florenz und zum Schluss Rom, mit drei Übernachtungen. Schließlich Rückfahrt nach Mailand und Weiterflug nach Asunción, Paraguay.

»Und wo schläft Ihre Gruppe heute in Mailand, Signora?«

»In einem Hotel in der Via Principe Eugenio, hier, die Zimmer sind schon bezahlt.«

»Verstehe, wie viele Personen gehören insgesamt zu Ihrer Gruppe?«

»Wir sind fünfzehn.«

»Und Sie besuchen Bologna, Florenz und Rom?«

»Ja.«

»Sind Sie Fremdenführerin?«

»Ja, ich arbeite seit fünfzehn Jahren in dem Beruf.«

»Wenn Sie mir bitte einen Moment folgen würden, Signora ...«

Die chinesischen Schleuser gehen zweifellos am organisiertesten und einfallsreichsten vor, aber die südamerikanischen sind auch nicht von schlechten Eltern. Sie organisieren beispielsweise geführte Rundreisen durch Italien: ein außerordentliches

Komplettangebot. Zehn, fünfzehn Personen kommen an einem italienischen Flughafen an, mit Rückflugticket, Voucher, Hotel, Reiseplan und Zahlungsbestätigung für die erste Hotelübernachtung in der Hand. Doch eigentlich will die Gruppe nicht die italienischen Sehenswürdigkeiten genießen. In Wahrheit ist sie ein wenig angespannt, wenn sie in Trastevere in einer Osteria oder auf der Piazza Maggiore in Bologna verweilt. Sie verfolgt nämlich einen anderen Plan.

Dem Polizeibeamten, der Livia, vierundvierzig, Brasilianerin, gegenübersitzt, kommen Zweifel. Die Frau, eine zugelassene Fremdenführerin, spricht zwar ziemlich gut Italienisch und verhält sich unauffällig, aber die Gruppe erregt seinen Verdacht. Die Frauen, alle jung, wirken reichlich nervös: Die Hände im Schoß verschränkt, kneten sie ununterbrochen ihre Finger – und senken den Blick, sobald ein Polizist sie direkt anschaut. Der Beamte der Polaria und sein Kollege rufen vorsichtshalber bei der Tam an, der brasilianischen Fluggesellschaft: Ja, alle sechzehn haben einen Rückflug gebucht, mit Ziel Asunción, in acht Tagen. Doch da sind noch fünfzehn Flugtickets für dieselben Personen: sieben Frauen fliegen am nächsten Tag von Malpensa ab, die anderen acht von Mailand-Linate. Von wegen Bologna, Florenz und Rom. Wahr ist einzig und allein die Übernachtung in Mailand. Morgen sollen die Frauen dann nach Madrid weiterfliegen. Weil es bei einem Flug von Malpensa nach Barajas keine Grenzkontrollen gibt. Italien und Spanien sind Schengenländer. Wer die italienischen Grenzkontrollen einmal hinter sich hat, kann sich in den sechsundzwanzig EU-Ländern, die dem Schengenraum bisher beigetreten sind, frei bewegen. Die Gruppe gab als Grund ihrer Reise eine

Besichtigungsrundfahrt in Italien an, ihr eigentliches Ziel aber war Spanien. Dort wollten die Frauen arbeiten und sich ein neues Leben aufbauen. Wären sie aber direkt nach Madrid geflogen, hätten die spanischen Behörden sie abgewiesen. Livia und ihre Organisation, mit paraguayischen und brasilianischen Mitarbeitern, spielen über die Bande: Sie versuchen, in ein Land mit lascheren Grenzkontrollen einzureisen. In ein Land, von dem aus sie ganz einfach an ihr gewünschtes Ziel kommen. Die Organisation sorgt dabei für alles, sogar für eine akkreditierte Fremdenführerin, Grundvoraussetzung, wenn man die Grenzkontrolleure täuschen will. Sie kauft für alle doppelte Flugtickets. Und arbeitet dabei häufig mit gefälligen Reisebüros zusammen: Wenn fünfzehn Personen einen Hin- und Rückflug nach Italien buchen und einen einfachen Flug von Italien nach Spanien für dieselbe Zeit, dann ist das ja doch etwas seltsam.

In der Gruppe, noch dazu durch die Fremdenführerin geschützt, fühlen sich die Einwanderer sicherer. Selbst die Lügen, die sie tagelang einstudiert haben, fallen den Frauen so leichter. Sie haben noch genau im Kopf, was Livia ihnen am Abend zuvor eingebläut hat. »Die erste Übernachtung in Mailand, keine Sorge, die ist schon bezahlt, und reden tue ich … Dann fahren wir nach Florenz und dann nach Rom, habt ihr das? Das Kolosseum in Rom, drei Übernachtungen; die Uffizien in Florenz, zwei Übernachtungen …« Mehrmals lässt Livia sich das Gelernte wiederholen. Das ist nämlich für den Schleuser, der am Flughafen tätig ist, der heikelste Punkt: die Geschichte, die er sich ausdenken muss, die Reise, die Besichtungstour, die es ja nie geben wird. Es ist, wie einen Roman oder eine Erzählung zu schreiben. Je mehr Einzelheiten, je mehr gebuchte Übernachtungen, je mehr Sehenswürdigkeiten, die besichtigt werden, umso glaubwürdiger klingt die Geschichte in den Ohren der Polizisten, denen man sie erzählen muss. Livia muss zur Romanautorin und ein wenig auch zur Schauspielerin werden. Und zur Psychologin. Und natürlich zur Fremdenführerin. Sie muss die illegalen Einwanderer beruhigen, ihnen sagen, dass alles gut gehen wird, sie aber auch genauestens instruieren. Und trotz allem gibt es einen Faktor, den Livia und ihre Organisation manchmal nicht in den Griff bekommen: den Stress, die Befürchtungen und Ängste ihrer Kunden. Wenn man mehrere Tausend Euro bezahlt und alles auf diese eine Reise gesetzt hat, dann kann der prüfende Blick eines Grenzbeamten, der herausfinden will, ob man wirklich nicht lügt, ob das wirklich eine Urlaubsreise ist, ob man wirklich genug Geld für seinen Unterhalt dabeihat, ob man wirklich nach acht Tagen nach Asunción zurückkehrt, dann können einem dieser Blick, diese Augen nämlich eine Riesenangst einjagen.

China und seine »Doppelgänger«

Nichts gegen die südamerikanischen Schleuser, aber am genialsten sind und bleiben die Chinesen. Giuseppina Petecca erzählt uns von einem jungen Chinesen, der »eines Tages in Mailand ankam, nachdem ihn die Schweiz abgewiesen hatte. Er hieß Chen. Er besaß keinen Pass, auch deshalb, weil die Schweizer Polizei seine gefälschten Papiere einbehalten hatte. Er hatte nichts bei sich als die Bordkarte, die zeigte, dass er aus Malpensa, also von hier gekommen war. Wir konnten aber nichts dazu finden. Wenige Tage später passiert fast das gleiche. Wieder wird ein Chinese in Zürich abgewiesen. Mit anderem Namen: Lin. Wir melden den Vorfall den Grenzbeamten. Einige Wochen später legen zwei junge Chinesen ihren Pass an der Grenzkontrolle vor. Oder besser gesagt, zwei Chinesen mit österreichischer Staatsangehörigkeit, die in die Schweiz wollen. Sie heißen Chen und Lin … Eine Woche später erscheinen sie wieder an der Grenzkontrolle und wollen wieder in die Schweiz. Jetzt war klar, es gab mehrere Chen und Lin: die, die in Zürich abgewiesen wurden, und die, die jetzt vor uns standen und ordnungsgemäße Papiere vorzeigten. Wir durchsuchen sie und finden in ihrem Rucksack zwei gefälschte Pässe aus Singapur auf ihren Namen, Chen und Lin, aber mit anderen Fotos. Also rufen wir bei der Polizei in Zürich an und schicken ihnen die Fotos der gefälschten Pässe. Tatsächlich finden sie im Transitbereich des Züricher Flughafens zwei Chinesen, die gerade aus Peking angekommen sind und zu denen die beiden Fotos der gefälschten Pässe passen.«

Also wirklich teuflisch raffiniert: Die beiden Chen und die beiden Lin treffen sich flüchtig in den Toilettenräumen des Züricher Transitbereichs. Die »echten« geben den »falschen« ihre Bordkarten für den Flug Malpensa-Zürich, das heißt, eigentlich nur den Abschnitt, den man als Passagier behält. Dann gehen die beiden irregulären Einwanderer zur Passkontrolle. Wenn der Schweizer Polizei die gefälschten Pässe nicht auffallen, können die beiden falschen Chen und Lin direkt aus Peking in die Schweiz einreisen. Geschafft. Und wenn der Polizei etwas auffällt, fragt sie, woher die beiden kommen. Dann antworten sie ohne Umschweife »aus Malpensa« und zeigen den Bordkartenabschnitt vor. Die Schweizer Polizei kommt also gar nicht auf die Idee, die Passagierliste ihres Flugs aus Peking zu kontrollieren.

Der falsche Chen und der falsche Lin werden also nach Mailand zurückgeschickt, wo sie aber in Wirklichkeit nie gewesen sind. Sie werden in ein Land ausgewiesen, über das sie gar nicht gereist sind. Der entscheidende Punkt hier ist, dass die beiden nicht nach Peking, sondern nach Mailand ausgewiesen werden. Sie kehren nicht nach China zurück, sondern reisen nach Italien weiter.

Das Zaubermittel: die Übergabe der Bordkarte. Im Mülleimer der Toilettenräume fanden die Schweizer Ermittler die echten Pässe der Chinesen – die sie nicht zur Einreise nach Europa berechtigen, weil sie dafür ein Visum brauchen. Sie besaßen nun nur noch die gefälschten Papiere: Pässe aus Singapur, die die Einreise nach Europa erlauben.

Die Transitbereiche der Flughäfen sind immer kritisch, weil hier viele Leute ankommen und in verschiedene Richtungen weiterreisen. Der echte Chen und der echte Lin, dreiundzwanzig und vierundzwanzig Jahre alt, Chinesen mit österreichischem Pass, Remote-Schleuser oder besser -»Erleichterer«, werden verhaftet, weil man in ihrem Rucksack gefälschte Pässe findet.

Personen vertauschen, Papiere heimlich weitergeben, Dokumente fälschen: All das scheint geradewegs der Feder eines Krimiautors aus den 1960er-Jahren entsprungen. Doch es funktioniert offenbar auch heute, im Zeitalter von Elektronik, biometrischen Kontrollen und Pässen mit Chips. Theater, Inszenierung und Schauspielkunst überzeugen noch immer. Und der Schleuser – Regisseur, Autor und Bühnenbildner in einem –

macht genau das: Er studiert die Lage, analysiert sie mit Weitblick und nutzt sie zu seinem Vorteil. Er schreibt sie geradezu um und agiert in den toten Winkeln, Schattenbereichen und Grauzonen, seien sie physischer, geografischer oder menschlicher Natur. In seinem selbstverfassten kriminellen Drehbuch kommen ihm besonders die Grauzonen zupass: ähnliche Gesichter, abgelenkte Polizisten, der eine Moment, in dem sich alles entscheidet. Wie im Theater verleihen erst die Pausen an der richtigen Stelle dem Stück Wahrhaftigkeit. Nur wenn Antwort, Frage und Gestik im richtigen Rhythmus erfolgen, funktioniert das Stück, und der Applaus brandet auf. Erst in dem winzigen Moment, in den wenigen Sekunden, die der Flüchtling vor dem Grenzbeamten hinter der Glasscheibe steht, trägt die monatelange, ja jahrelange Arbeit des Regisseurs, des Menschenschmugglers, ihre Früchte. In dem kurzen Wimpernschlag vor dem Monitor, wenn der Scanner den Pass »freigibt« und der Flüchtling, der vor dem Zollbeamten wartet, nervös und beinah unmerklich mit den Augen zuckt. Nur ein winziger Wimpernschlag. Und dann nichts wie weg, nach Europa! Der Schleuser arbeitet einzig und allein für diesen Moment. Für den kurzen Wimpernschlag, der Millionen Euro wert ist. Und für den Applaus, den er sich angesichts der hervorragenden Inszenierung redlich verdient hat. Wer hier applaudiert, ist allerdings nicht bloß Zuschauer, sondern Schauspieler, Hauptperson und zahlendes Publikum in einem. Ganz abgesehen davon, dass das Schauspiel der illegalen Einreise nach Europa täglich tausendfach aufgeführt wird.

DER SCHLEUSER MIT DEM GOLDENEN HERZEN

Goran macht diese Arbeit schon seit Jahren. Er fährt Kunden. Mit einem klapprigen Taxi, das manchmal kaum anspringt. Aber wenn er einmal losgefahren ist, macht er Kilometer um Kilometer. Und seine Kunden zahlen und sind hochzufrieden. Zufriedener als der Durchschnitt. Weil Goran einen außergewöhnlichen Service bietet. Er fährt in Serbien los, und seine Kunden kommen letztendlich in Ungarn an. Also in Europa, wo es gleich weiter nach Italien, Österreich, Deutschland und England geht. Es sind Syrer, Afghanen, Pakistani, Iraker oder Kurden. Aber auch Nordafrikaner oder Sudanesen, Eritreer und Somalier. Meistens Männer, manchmal aber auch Frauen und Kinder. Hier in der Gegend um Bogovadja, mitten in Serbien und südlich von Belgrad, trudeln sie tagtäglich dutzendweise ein, im Monat sind es wohl einige Hundert. Denn gleich außerhalb des Ortes befindet sich ein Asylbewerberzentrum. Eine neue, gut organisierte Einrichtung, die mehr als hundert Flüchtlinge aufnehmen kann und vor allem für Familien gedacht ist. Andere Flüchtlinge, etwa alleinreisende Männer, finden dann oft keinen Platz mehr, kein Bett und keine warme Mahlzeit. Sie müssen im Freien schlafen, manchmal sogar im umliegenden Wald: in notdürftigen Zelten, Hütten oder leer stehenden Wohnwagen.

Der kleine Ort Bogovadja ist ein wichtiger Knotenpunkt für den Menschenschmuggel in Serbien, weil es von hier über Ungarn nach Europa geht. Und die Balkanroute findet immer stärkeren Zulauf, weil man so nicht über das gefährliche Mittelmeer muss. Allerdings muss man viel zu Fuß gehen und jede Menge Grenzen überwinden. Und dabei mehrmals nach Europa rein und wieder raus. Oder gute Schleuser finden.

Goran weiß das nur zu gut. Seine Kunden kommen erschöpft bei ihm an und wollen vor allem eins: endlich ans Ziel ihrer Reise kommen. Aber die Konkurrenz schläft nicht. Darum hat er seine Preise gesenkt. Fünfzig Euro pro Kopf bis zur ungarischen Grenze. Bis dahin sind es nicht einmal 300 Kilometer. Und meistens Autobahn.

Seine Kollegen verlangen viel mehr, manche sogar das Vierfache. Die anderen zwei, drei Schleuser, die uns begegnen, wollen für ihre Dienstleistung bis zu 1500 Euro pro Fahrzeug: Sie haben große Wagen – was seltsam ist, weil sie damit auffallen.

Goran verrät uns nicht, für wen sie arbeiten, aber es muss eine große Nummer sein, vielleicht Reja, ein pakistanischer Schleuserboss, den er im Gespräch öfter erwähnt. Polizei? Ach was, weit und breit nicht die geringste Spur.

In der gesamten Gegend um Bogovadja boomt das Schleusergewerbe, das ist hier ein offenes Geheimnis. Unglaublich viele machen mit und übernehmen dabei verschiedenste Aufgaben. Wir betreten eine Pension in einem Nachbardorf. Man mustert uns, angeblich sei kein Zimmer frei. Dann fragt man nach unseren Pässen. Als der Wirt sieht, dass wir Italiener sind, findet sich auf einmal ein heruntergekommenes Zimmer, in dem der Putz von den Wänden rieselt. Zehn Euro pro Kopf. Als wir am Abend im Gemeinschaftsraum sitzen, organisieren gerade einige Afrikaner per Handy ihre Reise nach Nordeuropa. Mit Hotels, Restaurants, Bars lassen sich momentan gute Geschäfte machen. Man muss nur wissen, welche.

In den Hotels übernachten nur die Flüchtlinge mit Papieren, das heißt, die in Serbien Asyl beantragt haben. Wer illegal eingereist ist und als Gespenst durchs Land zieht, baut sich im Wald einen Unterstand oder übernachtet gegen Bezahlung bei Privatleuten.

»Na klar übernachten viele privat«, erzählt Goran. Sie halten sich ein paar Tage versteckt, zahlen für Unterkunft und Verpflegung, und wenn alles geregelt und sie genug Geld zusammengekratzt haben, geht's weiter nach Ungarn.

Goran hat Frau und Kinder und wohnt hier in der Gegend. Er war Lkw-Fahrer, ehe er zum Taxifahrer umsattelte. »Mein Vater hat das fünfundzwanzig Jahre gemacht und ich fünfzehn.« Klar, denn nur wer jede Straße und jeden Kilometer Grenzverlauf kennt, kann so einen Job machen. Allerdings muss er sich auch mit den Wäldern, den Pfaden und der genauen Richtung auskennen. So wie Josip Lončarić in den Neunzigerjahren, der als Taxifahrer zwischen Kroatien und Slowenien anfing.

Laut serbischem Gesetz dürfen Taxifahrer die Flüchtlinge nur bis zwölf Kilometer vor die Grenze fahren. Das soll Schleuser abschrecken. Goran erzählt, dass die anderen Schleuser ihre Kunden ungefähr fünf Kilometer nah an ungarisches Gebiet heranbringen. Dort zeigen sie ihnen, in welche Richtung sie laufen müssen, und Abmarsch! Aber er leistet mehr, er bringt seine Kunden bis einen Kilometer vor die Grenze, sagt er zufrieden: »Ich weiß, wie man das macht, und helfe meinen Kunden so, wie sich das gehört.«

Ich bringe sie wirklich ins Grenzgebiet. Das Gesetz sagt, dass wir Taxifahrer nur bis zwölf Kilometer vor die Grenze fahren dürfen, sonst kriegen wir Ärger. Aber ich weiß, welche Straßen ich nehmen muss, und komme bis auf einen Kilometer an die Grenze heran. Ich zeige den Flüchtlingen, welchen Pfad sie nehmen müssen, und sage: »Immer geradeaus, und schon seid ihr in Ungarn, alles klar?«

Es geht mir nicht darum, möglichst viel Geld zu scheffeln. Ich mache meine Arbeit und helfe ihnen.

Wie Gorans Umsätze aussehen? Tausend Kunden pro Jahr. Fünfzig Euro pro Kopf. Mehrere Fahrten die Woche. Wir haben es hier also mit einem »kleinen« Schleuser zu tun, der nur 50.000 Euro im Jahr verdient. Aber es gibt viele andere, die ähnlich arbeiten wie er und wesentlich höhere Umsätze erzielen. Die Kundschaft ist riesig, und die Nachfrage steigt ständig.

Die besten Kunden? Die Syrer. Wenn sie etwas sagen, dann ist es auch so. Die Afrikaner? Bla, bla, bla, stundenlang. Du machst mit denen etwas aus, sagen wir 300, und dann wollen sie plötzlich nur noch 200 und schließlich nur noch 150 zahlen, naaah.

Jedenfalls sind die Preise gefallen. Momentan gibt es viel Konkurrenz, und die großen Bosse reißen sich die Arbeit immer mehr unter den Nagel. Noch vor wenigen Jahren kostete die Strecke von Mazedonien bis nach Bogovadja 400 Euro, und Bogovadja–Italien kostete 2800 Euro, aber jetzt sind es nur noch 1600 Euro.

Bis vor einiger Zeit habe ich auch mit Geldtransfers noch gut dazuverdient. Ich gab mich als guter Freund von Flüchtlingen aus, die sich dann über Western Union Geld auf meinen Namen schicken ließen. Ich holte das Geld ab, gab es ihnen und bekam dafür eine kleine Provision. Aber eines Tages sagte der Typ bei der Bank zu mir: »Wie viele ausländische Freunde hast du eigentlich?« Die Polizei hat mir einen Besuch abgestattet, und ich hab das Spielchen nicht mehr mitgemacht. Letztes Jahr kam ich noch auf 80.000 Euro.«

Einige Flüchtlinge, mit denen wir uns unterhalten, fragen uns, ob wir sie in unserem Auto nach Italien mitnehmen könnten. Goran erklärt uns, wie viel wir dafür verlangen müssten: ungefähr 7000 Euro für die Fahrt bis Mailand. Aber natürlich müsste man dazu erst mal wissen, wie man das an der Grenze macht: Wie kann man die Kontrollen umgehen?

Das geht nur mit korrupten Polizisten, und man muss wissen, wo genau in Grenznähe man die Flüchtlinge rauslässt und wo man sie hinter der Grenze wieder einsammelt. »Manchmal muss man an einem Abend sogar zwei Mal zahlen«, erzählt uns Goran. »Erst kommt dir ein Grenzposten in die Quere, verlangt Geld, und du zahlst. Zwanzig Kilometer weiter halten sie dich dann noch mal an, und du darfst wieder blechen. Erst zahlst du 100 und dann noch 50. Und versuch mal, denen zu erzählen, dass du schon an seinen Kollegen gezahlt hast.

Nichts zu machen, du musst zahlen und basta. Die Polizei geht mir dann schon ganz schön auf die Eier, schließlich arbeite ich ja alleine.«

Es gibt in der Gegend einige neuralgische Punkte, wo man auf Schleuser trifft und die Flüchtlinge die Preise aushandeln. Etwa in den Bars von Bogovadja und denen der Nachbarorte. Oder in Hotels. Laut Goran werden beispielsweise im Café »Portofino« in Lazarevac gute Geschäfte gemacht. Wir fahren eines Abends mit ihm dort hin, kippen einige Jelen-Bier, zweimal frühstücken wir auch dort, aber von Schleusergeschäften keine Spur.

An anderen Orten wiederum »stinkt« es den Leuten, wenn man zu neugierig ist. Besser also, wir lassen uns dort nicht allzu oft blicken, wenn wir an Informationen kommen wollen.

Auch zahlreiche Flüchtlinge sind auf verschiedene Weise am Menschenschmuggel in Serbien beteiligt. Einen von ihnen sehen wir mit eigenen Augen, als er gerade fünfzehn seiner Landsleute zu den Schleuserautos begleitet. Er wohnt schon seit einiger Zeit im Asylbewerberzentrum, kennt jeden, und alle kennen ihn. Also ideale Voraussetzungen für seinen Job. Doch es gibt einige, die hier ihre Finger im Spiel haben. Rados Djurovic leitet eine NGO mit Hauptsitz in Belgrad, die sich um Asylbewerber kümmert. In seinem kleinen Büro in der serbischen Hauptstadt erzählt er uns, dass sich viele Flüchtlinge, die öfter »zurückgeschickt« wurden, irgendwann in »Agenten« verwandeln, das heißt, selbst Schleusergeschäfte vermitteln. Am Anfang machen sie das vielleicht sogar umsonst, aus Gefälligkeit. Aber dann werden sie von Kunden dazu gedrängt, die ihnen Geld für ihre Vermittlungstätigkeit anbieten.

»Einer von den ganz großen ist Reja, der Boss der pakistanischen Schleusermafia. Ein echter Boss … Mehrmals hat die Polizei einen Freund von mir, auch Taxifahrer, festgenommen und zu Reja befragt. Dann haben sie ihn wieder freigelassen«, sagt Goran ein wenig nebulös.

Doch bei unserem Aufenthalt in der Gegend um Bogovadja ist in Wahrheit schon nach wenigen Tagen offensichtlich, wie viele Menschen hier in das Schleusergeschäft verwickelt sind. Halbsätze, böse Blicke und Misstrauen sprechen eine deutliche Sprache. Die zahlreichen Gerüchte lassen sich zwar nur schwer überprüfen, aber das kann ja nicht anders sein.

Es ist einfach das Gesetz des Marktes. Denn das Asylbewerberzentrum bringt einen ständigen Zustrom an neuen Kunden. Warum, ist schnell gesagt: In Wahrheit will niemand in Serbien bleiben. Aber wer Asyl beantragt, gewinnt Zeit. Und hat für eine Weile ordentliche Papiere. Wenigstens so lange, bis er das Land wieder verlässt. Im Schleusergeschäft offenbart sich das Gesetz des Marktes: Wo immer es eine Nachfrage gibt, findet sich irgendwann jemand, der sie bedient.

An einem drückend heißen Spätnachmittag im Juli 2014 kämpfen wir uns, vorbei an einer Militärbasis, die schmale Bergstraße zum Asylbewerberzentrum von Bogovadja hoch, als wir mit eigenen Augen eine Schleuseraktion beobachten können. Wir sind mit zwei Sudanesen unterwegs, der eine hat einen dreijährigen Jungen dabei. Sie erzählen uns von Karthum und Darfur, von Gewalt und Unterdrückung, von ihrer Flucht, der Ankunft in der Türkei und der Odyssee bis nach Serbien: eine wochenlange Reise, die Tausende Euro verschlungen hat. Während ihre Worte wütend und manchmal auch mutlos heraussprudeln, nähern sich plötzlich mit hoher Geschwindigkeit drei große Fahrzeuge und halten auf einem Platz neben der Straße. Beinah gleichzeitig tauchen aus dem Wald, aus Richtung Asylbewerberzentrum, mindestens fünfzehn Flüchtlinge auf. Sie hasten vorwärts, begleitet von einem weiteren Flüchtling, ganz offensichtlich ihrem »Vermittler«. Die drei Taxifahrer lassen sie in aller Eile einsteigen. Die Flüchtlinge reisen mit wenig Gepäck, einem kleinen Rucksack über der Schulter, einer Wasserflasche pro Kopf, wenn überhaupt, sonst nichts.

Die Autos sind groß und teuer, sogar ein Siebensitzer ist dabei. Auffällige Autos. Einer der Fahrer sieht uns, einen Moment lang kann er seinen Schreck nicht verhehlen, er behält uns im Blick, treibt die Flüchtlinge zur Eile an. Wir unterhalten uns weiter mit den Sudanesen, als wenn nichts wäre. Und wir uns nicht für das Geschäft vor unseren Augen interessieren würden, das circa 5000 Euro einbringt.

Die Autos düsen mit quietschenden Reifen davon, in Richtung Ungarn. In wenigen Stunden werden die Kunden, wenn alles gut geht, in Europa sein. Wir bleiben zurück. Mit zwei Sudanesen, die sich die Reise nicht leisten können, und dem Vermittler, der sichtlich verlegen ist. Wir wechseln ein paar belanglose Worte, dann setzen wir unseren Weg fort.

Nach einigen Tagen wird unsere Gegenwart langsam lästig. Einer der Gemeindeoberen untersagt uns, zu fotografieren, wir sollten verschwinden, sonst würde er die Polizei rufen. Ruppig verjagt er uns. Die Polizei wäre ja nicht das Problem. Aber das Problem ist, wie häufig in ähnlichen Situationen, dass wir zu viele Fragen gestellt haben und aufgefallen sind. Vermutlich wird nun niemand mehr mit uns reden. Niemand wird uns mehr von den Hunderttausenden von Euro erzählen, die die Orte um das Asylbewerberzentrum von Bogovadja damit verdienen, dass sie das Flüchtlingsgeschäft organisieren.

Die Hotels beherbergen die Flüchtlinge, die Helfer der Schleuser vermieten Zimmer zu Wucherpreisen, um Flüchtlinge zu verstecken, und die Taxifahrer/Menschenschmuggler befeuern das vergiftete Geschäft. Die beiden Bars in der Nähe des Asylbewerberzentrums haben ihre Preise verdoppelt, wenn nicht verdreifacht. Das ist natürlich kein Verbrechen, nein! Es ist einfach leicht verdientes Geld, weil so viele Flüchtlinge dort vorbeikommen. Wir kaufen uns etwas zu trinken und kehren zu unserem Auto zurück. Wir brechen auf, in Richtung Italien. Für uns sind die Grenzen ja offen, und alles läuft glatt.

KABIR, DER VERMITTLER

Der Schleuser, der Italien liebt

In meinem Beruf muss man schon echt tough sein. Mein Geheimnis? Ich ergreife die Chance, die mir die italienischen Gesetze bieten. Ich meine, ich liebe Italien, es ist meine zweite Heimat. Ich könnte Italien niemals schaden. Alles, was ich bin, verdanke ich schließlich Italien ...

Es war 1983, da war ich zwanzig und arbeitete auf Schiffen in Südafrika. Eines Tages verließen wir Kapstadt mit einer Ladung Rohsilber, in Richtung Livorno. Und dort hatte ich Verwandte. Als wir in den Hafen einfuhren und das Schiff anlegte, war mir klar, dass ich nicht mehr zurückkommen würde. Ich ging von Bord und machte mich auf die Suche. Das war die beste Entscheidung meines Leben. Ein paar Jahre lang hatte ich keine Aufenthaltserlaubnis, ich lebte also illegal in Italien. Ich musste machen, was ich kriegen konnte, von irgendwas musste ich ja leben. Aber ich wollte raus aus der Illegalität, darum kam mir das Martelli-Gesetz* von 1990 gerade recht: Das war die

*Das Martelli-Gesetz definierte unter anderem die Einbürgerungsbestimmungen und legte eine Quote für die legale Zuwanderung fest (A.d.Ü.).

erste Chance, die mir das italienische Gesetz bot. Alles, was danach kam, habe ich ganz allein geschafft. Schritt für Schritt. Ich habe mir was aufgebaut.

Eines Nachmittags auf dem Land in Latium, Ende April 2012. Ein Ausländer, olivfarbene Haut, betritt einen Obst- und Gemüsebetrieb mit weitläufigen Ländereien. Die Geschäfte florieren. Der Familienbetrieb arbeitet mit Saisonkräften, und die Erntesaison rückt langsam näher. Der Ausländer geht auf den Besitzer zu und schüttelt ihm die Hand. Der Bauer, ein Italiener um die fünfzig, lächelt freundlich. Man kennt sich.

»Okay, diesmal hatten wir sechs gesagt, oder?«, sagt der Ausländer.

»Genau, sechs.«

»Weißt du schon mehr?«

»Noch nicht, du hörst du von mir, wenn es so weit ist.«

»Du kennst die Namen. Ich habe sie dir aufgeschrieben.«

»Klar, keine Sorge. Ich ruf dich sofort an, wenn die Sache klar ist«, beendet der Bauer das Gespräch.

Sechs: Dabei handelt es sich nicht etwa um Obst- oder Gemüsekisten. Der Ausländer ist kein Großhändler. Er heißt Kabir, ist Pakistani und in seiner Branche ein wichtiger Mann – obwohl er oft allein arbeitet. Offiziell ist er fliegender Händler, aber das ist nur Tarnung. Kabir ist fünfzig, und er hat's geschafft. Ihm gehört eine Kebab-Stube und noch ein anderer Laden, den er verpachtet. Er besitzt ein großes, schönes Haus in Italien, er fährt Mercedes. Und er ist Eigentümer mehrerer Grundstücke und Immobilien in Pakistan. Seine Verwandten dort leben gut: Kabir kann seine Familie im Heimatland unterstützen, und er tut es gern.

Abgesehen von den Einnahmen, die seine Unternehmungen abwerfen, hat Kabir jedes Jahr noch weitere Aktiva von einigen Hunderttausend Euro in seinen Büchern stehen. Na ja, in seinen Büchern stimmt nicht ganz: Alles läuft schwarz, also steuerfrei. Kabir ist Vermittler. So nennt er sich. Er vermittelt zwischen der unerschöpflichen Nachfrage vonseiten auswanderungswilliger Pakistani und dem Angebot von Hunderten italienischer Landwirtschaftsbetriebe, die wenig Skrupel kennen.

Wenn man ihn Schleuser nennt, wird sein Blick hart: »Manche Wörter sagt man einfach nicht«, erklärt er. Mag sein, weil sie sein unredliches Geschäft auf den Punkt bringen, ihm die eigene Verantwortung, die nackte Wahrheit ins Gesicht schleudern, weil sie ihn festnageln und ihm unwiderruflich das Etikett »Krimineller« aufdrücken.

Kabir ist freundlich und entgegenkommend, seine zurückhaltende Art flößt Vertrauen ein. Er hat früh erkannt, welche Möglichkeiten ein bestimmter Markt bietet und dass es in den italienischen Gesetzen ein Schlupfloch gibt. Ein schwarzes Loch. Er hat es genutzt: Geschickt und heimlich ist er hindurchgeschlüpft und hat es zu seiner Waffe, zu seinem Mittel der Wahl gemacht.

Kabir herrscht nicht über ein Imperium wie Lončarić, aber er macht sich die Hände genauso wenig schmutzig. Anders als manche seiner Kollegen muss er nicht Blut und Wasser schwitzen. Seine Mittel sind andere. Er stiehlt keine Segelschiffe. Seine Boote versinken nicht im Meer vor Lampedusa, und er kauft auch keine Schlauchboote mit Außenbordmotor. Ebenso wenig erfrieren seine Flüchtlinge in den verschneiten Bergen Sloweniens oder ersticken im Sommer auf der Überfahrt mit der Fähre, im Lkw mit doppeltem Boden. Er und seine Flüchtlingen irren nicht mit GPS-Geräten durch die Wüste, und er braucht keine Wohnungen, in denen seine »Kunden« monatelang darauf warten, dass die gefährliche Reise endlich weitergeht, oder Waffen. Seine »Landsleute«, wie er sie nennt, sitzen wohlig im Warmen, im Flugzeug: Sie landen direkt in Rom-Fiumicino und kommen sicher und zuverlässig in Italien an. Er riskiert also ungleich weniger als die, nennen wir sie, »klassischen« Schleuser.

Kabirs einzigartiges Mittel sind die italienischen Gesetze, die er sich so zurechtbiegt, wie er sie braucht, auf deren Klaviatur er spielt, die er geschickt nutzt, so wie es ihm passt.

Wenn Kabir redet, blickt er einem direkt in die Augen. Er wirkt ein wenig schüchtern, und immer steht ein Staunen auf seinem Gesicht geschrieben. Seine klaren Gesichtszüge, sein offenes Lachen machen Kabir sympathisch, und er weiß aufzutreten: gut gekleidet, mit feinen Schuhen, modischem Jackett und Steppweste. Eleganz verbindet er gern mit Bequemlichkeit. Beim Gehen steckt Kabir die Hände in die Taschen. Er macht kleine, aber entschlossene Schritte. Nicht im Entferntesten würde jemand bei dem Gesicht an einen Menschenhändler denken.

»Ich schade niemandem«

Ich stamme aus einem kleinen Dorf mit höchstens tausend Einwohnern. Es liegt an der Grenze zu Afghanistan, in der Nähe von Peschawar, im Norden von Pakistan. Ich bin Paschtune. Ich spreche also Paschtu. Und wenn man gut Paschtu spricht, dann kann man sich auch als afghanischer Paschtune ausgeben. Die können nämlich politisches Asyl beantragen, wenn sie in Italien ankommen. Und das sage ich auch meinen Leuten immer. Obwohl man natürlich erst mal bis Italien kommen muss …

Wie ich das bewerkstellige? In Italien wird jedes Jahr das »Decreto flussi« veröffentlicht, das festlegt, wie viele ausländische Saisonkräfte kommen dürfen. Die Landwirtschaftsbetriebe können dann innerhalb einer bestimmten Frist einen Antrag auf ausländische Saisonkräfte stellen. Den Antrag muss man persönlich stellen: Der Bauer muss also selbst ins Rathaus gehen und das Formular ausfüllen. Er sagt dann, dass er den und den haben will, wen er genau braucht. Er trägt also die Namen ein und zahlt eine Gebühr. Man braucht eine Stempelmarke, aber die ist wirklich erschwinglich. Mit dem Antrag bekommt man für den Ausländer eine amtliche Genehmigung, die bis zu neun Monate gültig ist.

Die Personen, die man eingetragen hat, gehen anschließend mit ihrem Pass zur italienischen Botschaft in Islamabad, erhalten dort die amtliche Genehmigung und können jetzt problemlos auf den Feldern in Italien arbeiten. Nach ihrer Ankunft unterschreiben sie den Vertrag mit ihrem Arbeitgeber und kriegen so eine Aufenthaltsgenehmigung für die Saison. So weit, so gut. Bis hierhin hat alles seine Richtigkeit. Der Punkt ist, dass man über diesen bürokratischen Hindernislauf jeden herkommen lassen kann, der will, sozusagen auf Bestellung: Vor- und Nachname. Wer würde sich so eine Chance entgehen lassen? Hier kommen dann die Vermittler ins Spiel. Wir suchen die Bauern, die einer Gehaltsaufbesserung nicht abgeneigt und bereit sind, den einzutragen, den wir wollen. Wir nennen die Namen, und sie besorgen den Rest. Das Formular findet man im Internet. Die Bauern füllen es so aus, wie der Vermittler will. Gegen Geld natürlich: zwischen 1500 und 3000 Euro. In ganz seltenen Fällen verlangt mal einer 5000 Euro in bar.

Ich bezahle die italienischen Bauern, wenn die amtliche Genehmigung da ist. In dem Moment ist die Sache klar, das Geschäft geritzt. Vorher nicht. Nur ein einziges Mal wollte einer vorher sehen, ob ich überhaupt 3000 Euro in bar habe. Als Sicherheit, er vertraute mir nicht. Ich sollte sie ihm nur zeigen. Kein Problem, ich hab sie hingeblättert, und er schlug ein. Normalerweise vertraut man mir, nur selten lehnt mal einer ab.

Manche Bauern sind auch rechtschaffene Leute. Sie wollen den Verzweifelten helfen und bieten mir an, das Ganze gratis zu machen. Sie beantragen die Genehmigung und wollen nichts dafür. Das kommt vor. Selten, aber es passiert. Die meisten wollen allerdings daran verdienen.

Meine Aufgabe besteht darin, die Landwirte zu finden, die, gegen Geld natürlich, bereit sind, das Schlupfloch in den Saisonkräftebestimmungen auch zu nutzen. Allein in den letzten sechs Monaten habe ich mit der Methode nur in einer einzigen kleinen Provinz über hundertfünfzig amtliche Genehmigungen gekriegt. Viele Italiener machen mit, sie scheuen das Risiko offenbar nicht. Wie viel für mich dabei rausspringt? Über 600.000 Euro in sechs Monaten. 1.200.000 Euro im Jahr. Und für die Landwirte ungefähr dasselbe. Ich subventioniere die italienische Wirtschaft, ich helfe der Landwirtschaft. Ich schade keinem, im Gegenteil, ich tue Gutes, auch euch Italienern. Und ich helfe vielen ehrlichen Pakistani, die in Europa ihr Glück machen wollen.

Wir hinterlassen überhaupt keine Spuren, weil wir die Landwirte ja in bar bezahlen und natürlich nichts überweisen. Probleme kann es geben, wenn der Ausländer, der eigentlich auf den Feldern arbeiten soll, die amtliche Genehmigung zwar abholt, dann aber nicht erscheint und seinen Vertrag nicht unterschreibt. Aber was kann da der Landwirt dafür? Ist das etwa sein Problem? Bis vor ein paar Jahren gab es quasi keine Kontrollen, also null Risiko, doch das hat sich inzwischen geändert. Wenn so was mehrere Jahre hintereinander vorkommt, kann der Bauer echt Ärger kriegen. Die Polizei schöpft Verdacht, und sein Nebengeschäft fliegt auf. Aber man muss einfach häufig genug die Landwirte wechseln, dann regelt sich das von selbst.

Klar, bei der Auswahl der Landwirte muss man schon eine gewisse Umsicht walten lassen, die sorgfältige Auswahl ist wichtig. Einmal haben wir die Anträge über einen kleinen Bauern gestellt, der bei der Steuer so gut wie nichts angegeben hat. Wenn überhaupt, hatte er 6000 Euro Umsatz im Jahr. Man hat ihn vorgeladen und befragt. »Mit 6000 Euro im Jahr kriegst du nicht mal deine Hühner satt«, haben sie gesagt. »Wie kannst du so viele Ausländer beschäftigen?« Sie hatten ja recht. Wir haben danebengegriffen, das war mir sofort klar, danach passierte mir das nicht mehr. Danach habe ich nur noch welche mit einigermaßen Umsatz genommen, mindestens über 50.000 bis 60.000 Euro. Sie können sich so viele Tagelöhner leisten, und wir haben unsere Ruhe.

Ob ich Angst habe, hinter Gittern zu landen? Ich meine, ihr würdet es wahrscheinlich genauso machen, wenn ihr so leicht so viel Geld verdienen könntet. Geradezu unglaublich viel Geld. Klar, das Risiko ist da, aber überschaubar. Das Geld nehme ich erst mal mit, was kommt, weiß doch sowieso keiner. Wir sind Pakistani, wir kennen das Elend, wirkliches Elend. Ihr nicht, seid froh, ihr könnt euch das nicht mal vorstellen. Wir würden ja selbst bei 500 Euro nicht Nein sagen. Wie viele wären gern Vermittler, aber das schaffen nur wenige.

Kabir streicht für jeden, den er nach Italien bringt, 3000 bis 4000 Euro ein. Insgesamt blättert jeder Pakistani sogar mindestens 7000 Euro hin, einschließlich Linienflug. Ganze Familien sparen für die Reise, für die sie häufig all ihr Hab und Gut verkaufen. Die Umsätze in dem Geschäft sind auch deshalb so immens, weil Landwirtschaft, Gastgewerbe und Tourismus jede Saison Tausende von Ausländern einstellen. Obwohl sich die Krise seit einigen Jahren natürlich auch hier bemerkbar macht und der italienische Staat die Quote inzwischen gesenkt hat: 2011 lag die festgelegte Höchstzahl bei 60.000 Personen, 2012 sank sie auf 35.000, und 2013 wurde sie noch einmal nach unten, auf 30.000, korrigiert. Im Detail legt das Dekret von 2013 fest, dass die Einreise von einfachen Nicht-EU-Saisonarbeitern ausschließlich für folgende Länder erlaubt ist: Albanien, Algerien, Bosnien und Herzegowina, Kroatien, Ägypten, den Philippinen, Gambia, Ghana, Indien, Kosovo, Mazedonien, Marokko, Mauritius, Moldawien, Montenegro, Niger, Nigeria, Pakistan, Senegal, Serbien, Sri Lanka, Ukraine und Tunesien. Ein breites Betätigungsfeld also auch für Schleuser, die sich auf andere Routen als Kabir spezialisiert haben.

Mit der amtlichen Genehmigung und deinem Pass kannst du am Flughafen Rom-Fiumicino dann direkt nach Italien einreisen. Allerdings musst du sofort nach der Ankunft ins Aufnahmezentrum hechten und unbedingt deinen Pass zerstören: zerreißen, verbrennen, herunterschlucken, egal. Das bläuen wir jedem ein, dem wir helfen.

Außerdem musst du deine Klamotten zerfetzen, die Schuhsohlen durchlöchern, Hände und Gesicht mit Dreck beschmieren, du musst verhungert und verzweifelt aussehen. Und auf Afghanisch – genauer gesagt, auf Paschtu – sagen, dass du, im Lkw-Boden versteckt, mit der Fähre von Griechenland gekommen bist. Was man so alles in den Zeitungen liest, ihr wisst schon. Es kann auch gut sein, dass sie dich zu einer ärztlichen Untersuchung schicken. Aber selbst wenn sie etwas ahnen sollten, sie können dir nichts beweisen. Sie müssen dir glauben und Asyl gewähren. Und dann kannst du dich frei und ungestört in Europa bewegen. Weil du Paschtune bist und die richtige Sprache sprichst, weil du Kriegsflüchtling bist und Asyl beantragt hast.

Wie wir Vermittler arbeiten? Vor allem nicht gern mit dem Handy, aber wenn es sich gar nicht vermeiden lässt, dann sprechen wir Dialekt, unseren natürlich, den kaum einer übersetzen kann. Und wir haben bestimmte Codes. Wenn ich beispielsweise sage: »Ich habe das Auto gefunden, das du suchst«, dann weiß der andere, die amtliche Genehmigung ist da. Oder ich sage: »Ich brauche drei Liter Öl.« Das bedeutet, dass ich 3000 Euro verlange. Normalerweise läuft der Kontakt aber über Verwandte hier in Italien. Mit denen besprechen wir alles persönlich. Und der Verwandte erklärt es dann dem, der aus Pakistan wegwill. Und gibt uns schließlich das Geld, wenn er es, womöglich in Teilbeträgen, aus Pakistan erhalten hat, in bar. Er nutzt dazu diese Agenturen, über die man Geld verschicken kann.

Terrorismusgefahr

Wichtig sind die Beziehungen der Pakistani untereinander. Wir kennen uns alle, wir helfen und vertrauen uns. Ich bin ein Knoten. Oder besser gesagt, einer der Knoten, weil es in Italien und Pakistan ja noch viele andere gibt. Wo der eine nicht hinkommt, kommt der andere hin, wir bilden eine Kette. In Pakistan habe ich viele Freunde, da läuft vieles über Mundpropaganda. Selbst im winzigsten Dorf weiß jeder, an wen er sich wenden muss, wenn er nach Italien will.

Ich vertraue den anderen, und sie vertrauen mir, wir ticken alle gleich, das sind einfach meine Leute. Wir sind Paschtunen, wir halten Wort, und koste es das Leben, das ist eben eine Frage der Kultur. Ich geb euch ein Beispiel: Warum hat sich Bin Laden wohl gerade in Pakistan versteckt? Weil wir Pakistani lieber unser Land zerstören lassen, als ein Versprechen nicht zu halten.

Wenn man Kabir so reden hört, drängt sich unweigerlich die Frage auf, ob der ununterbrochene Menschenschmuggel nicht eine Gefahr für die nationale und internationale Sicherheit darstellt: Über den exklusiven, relativ einfachen und ständig offenen Kanal könnte man doch genauso gut Terroristen nach Europa einschleusen. Namen kann man erfinden, Pässe fälschen, oder man schmiert, noch besser, in Islamabad gleich die richtigen Leute und lässt sich echte Pässe ausstellen. Echte Pässe mit falschen Namen. Für Terroristen, die man auf diese Weise schnell und einfach einschleusen kann, vielleicht sogar in der Business Class.

Wenn man Kabir darauf anspricht, wird er wütend und spielt den Beleidigten. Das sei ein eiserner Grundsatz: Er und sein Netzwerk würden niemals gefährlichen Leuten helfen. Mag sein, mal einem kleinen Gauner oder einem, der sich hier eine Winzigkeit hat zuschulden kommen lassen, aber bestimmt keinem Terroristen. »Das ist nie passiert und wird nicht passieren«, behauptet er. Und wiederholt mehrmals, dass er Italien nie schaden könne und wie sehr er Italien liebe. Kabir sagt, er kenne alle Leute, die er nach Italien holt, persönlich oder zumindest über andere, weil aus seinem Netzwerk immer jemand für sie bürgt. Er wirkt aufrichtig, wenn er das sagt, aber was ist mit den anderen Vermittlern, die seine Methode nutzen? Können sie überhaupt alle Leute kennen, die sie einschleusen? Die Zahl der angeforderten Saisoneinwanderer ist ja immens, wer soll die alle kontrollieren? Und wenn die Terroristen die Vermittler nun missbrauchen, ohne dass diese es überhaupt merken? Ein Restzweifel bleibt. Der letztlich von Kabirs eigenen Worte genährt wird:

Die Nachfrage ist wirklich unerschöpflich, einfach alle wollen nach Italien, ich könnte genauso gut hunderttausend Leute nach Italien holen. Weil ich den Leuten eben helfe. Ich mache ihre Träume wahr und besonders einen: den Traum, sein Leben zu verändern, alles Schreckliche hinter sich zu lassen und in ein europäisches Land zu gehen, wo man gut leben kann. Und wenn ich ihren Traum auch nicht direkt wahr machen kann, trage ich doch ein klein wenig dazu bei. Bis Pakistan einmal das Wirtschaftsniveau von Italien erreicht, wird es ja noch hundert Jahre dauern. Das Einzige ist, Italien darf seine Bestimmungen für die Einreise von Saisonarbeitskräften nicht ändern.

Die Krise? Mir ist schon klar, dass es momentan nicht so gut läuft hier. Aber die Leute wollen nicht auf mich hören. Ich erzähl euch eine Geschichte. Wenn ich nach Pakistan reise, treffe ich immer jede Menge Leute. Eines Tages hat mich ein enger Freund besucht, mit dem ich zusammen in der Schule war.

»Hilf meinem Sohn, nach Italien zu gelangen«, sagt er zu mir. »Momentan läuft es dort nicht so gut«, antworte ich, »was macht dein Sohn denn?« Und er: »Er hat ein Analyselabor. Das leitet er, Kunden hat er auch.« Ich blicke ihm in die Augen und sage: »Dann soll er hierbleiben. Glaub mir, das ist viel besser. Versuch, ihn davon zu überzeugen.« Am nächsten Tag kommt mein Freund wieder, mit Tränen in den Augen. Er hat seinem Sohn erzählt, was ich gesagt habe, aber sein Sohn, völlig verzweifelt, will nichts wie weg. Wenn er nicht abhauen kann, würde er zur Pistole greifen und sich in den Schädel schießen. Mein Freund sagt, dass er lieber das Geld für die Reise opfert als seinen Sohn. Dass er ihn nicht auf dem Gewissen haben will. Sein Sohn müsse das Land einfach verlassen. Also beruhige ich ihn, irgendwie würde ich seinen Sohn schon umstimmen, und mache mich auf zu dem Labor. Schöne Räumlichkeiten, alles großzügig und sauber. Der Sohn trägt ein schneeweißes Hemd, alle nennen ihn »Doktor«, obwohl er nur ein einfacher Labortechniker ist. Er hat kaum Zeit für mich, zu viel zu tun. Ich sage ihm, was ich schon seinem Vater gesagt habe. Ich versuche, ihn umzustimmen, ich erzähle ihm, wie sein Leben dort aussehen wird und was er dafür aufgibt. Ich führe ihm vor Augen, dass er in Italien niemals das haben wird, was er in Pakistan hat. Dass er einen Riesenfehler macht. Aber vergeblich: Er will unbedingt alles hinschmeißen und sein Glück woanders suchen, er denkt Tag und Nacht nur noch an Italien.

Ich habe sie gewarnt, Vater und Sohn. Ich war ehrlich, ich habe sie gewarnt, aber ich hätte ebenso gut gegen eine Wand reden können. Also gut, wenn sie unbedingt wollen. Also Italien. Der Sohn ist gekommen. Zwei Jahre später hab ich ihn wiedergetroffen. Er arbeitete schwarz auf den Feldern und nagte beinah am Hungertuch. Ich hätte recht gehabt, sagte er, und dass er bereue, nicht auf mich gehört zu haben. Dass er besser in Pakistan geblieben wäre, hier habe er ja keine Chance. Aber das hab ich euch schon mal gesagt: Man muss auch wissen, wie man seine Chance beim Schopfe packt.

DER SCHLEUSER DER TALIBAN

Berufsrisiken

»Sie sagten, ›wir sind Taliban‹, und sie trugen Messer bei sich. Wenn sie wollten, könnten sie mich köpfen oder sonstwie kaltmachen … Sie gehörten zu der Gruppe, und als wir in Italien ankamen, haben sie sich einfach unter die anderen gemischt …«

Jeder Beruf bringt gewisse Risiken mit sich. Selbst wenn man einen Sportbootführerschein besitzt, kann man unter Umständen ernsthaften Gefahren ausgesetzt sein. Noch dazu, wenn man dazu neigt, sich in heikle Situationen zu begeben, und das laute Schrillen der Alarmglocken leicht überhört. Weil man einfach so ein Typ ist oder weil Not und Verzweiflung die Abwehrinstinkte lahmgelegt haben. Oder weil man möglicherweise aus einem Land kommt, in dem man kaum eine Arbeit findet, die ihren Mann ernährt. Was das Segelboot betrifft, meinten wir hier allerdings nicht die klassischen Berufsrisiken, wie etwa das Meer oder die Witterungsbedingungen, sondern eher bestimmte Leute, mit denen man es dabei zu tun kriegt.

Dies ist die Geschichte von Taras, der zu seinem Job als Kapitän »gezwungen« wurde. Der behauptet, unschuldig hinter Gittern zu sitzen – auch wenn er fünfzehn Jahre lang in russischen und ukrainischen Gefängnissen ein- und ausging. Dies ist die Geschichte von Taras, der den italienischen Knast für den reinsten Spaziergang hält, aber nicht länger einsitzen will, von Taras, dem Alleskönner, von dem Taras mit den geschickten Händen.

Ich bin im April geboren, nach unserem Horoskop im Zeichen des Feuers. Das passt zu mir. Ich bin in Russland geboren, aber bin Ukrainer und hab auch die meiste Zeit in der Ukraine gelebt. Seit ich sechzehn bin, habe ich in beiden Länder in verschiedenen Gefängnissen gesessen; die Ukrainer und Russen können von einem italienischen Gefängnis nur träumen: Das ist das reinste Hotel, von wegen Knast. Die Italiener wissen gar nicht, was ein wirkliches Gefängnis ist.

Ich kann alles. Mechaniker, Elektriker, Klempner. Ich kenne mich mit allem aus; auch mit der Landwirtschaft natürlich, ich könnte eine lange Liste aufstellen: kompletter Hausumbau, Maurer, Fliesenleger. Einfach alles, wirklich. Für mich ist keine Arbeit ein Problem.

Seit ich hier drinsitze, habe ich mir schon zweimal die Pulsadern aufgeschnitten, mit einer Plastikrasierklinge. Warum? Weil mir keiner glaubt. Ich will, dass man mich anhört. Und wenn man etwas will, dann muss man handeln, das ist meine Meinung. Ich will etwas erreichen. Ihr findet mein Verhalten vielleicht seltsam, aber in meiner Heimat ist das völlig normal. Wenn man in dieser Situation etwas will und einen keiner anhört, dann muss man ein klares, unmissverständliches Zeichen setzen.

Das erste Mal finden ihn die Wärter gerade noch rechtzeitig in seiner Zelle. Er liegt in einer Blutlache. Auch hier ist ihm eine gewisse Risikoneigung nicht fremd. Die Geschichte von Taras wirft – trotz gewisser Unklarheiten und Unstimmigkeiten – einen dunklen Schatten voraus, der über kurz oder lang auch auf die Schleuser fallen wird: den dunklen Schatten des Terrorismus. Auch Terroristen sind schließlich gezwungen, die Grenzkontrollen zu umgehen. Und wer könnte ihnen da besser behilflich sein als die Schleuserringe?

Wir treffen Taras im Gefängnis, wo er eine rechtskräftige Strafe verbüßt. Um seine Identität zu schützen, sagen wir nicht, wo sich die Einrichtung befindet. Es ist jedenfalls eine Haftanstalt mit Hunderten von Insassen, weit mehr als die Planzahlen. Ansonsten scheint dort aber alles gut zu funktionieren.

An einem brütend heißen Sommertag empfängt uns der Gefängnisdirektor. Ein elegant gekleideter, höflicher und liebenswürdiger Mann, der uns einen Caffè freddo aus der Café-Bar seiner Anstalt servieren lässt. Kaum zu glauben, dass man an einem solchen Ort so guten Kaffee bekommt. Während wir ihn schlürfen, erzählt der Direktor von seiner Arbeit und der Einrichtung. Als perfekter Hausherr erklärt er uns die Regeln, an die wir uns halten müssen. Kurz darauf begleitet uns ein Inspektor in den Raum, wo wir gleich Taras treffen werden. Ein Büro mit wenigen Möbeln, Computer, Drucker, einer Klimaanlage, die nur schlecht funktioniert. Ehe der Häftling erscheint, warnt uns der Inspektor: Wir hätten es mit einem zornerfüllten Mann zu tun. Er erzählt uns von den Selbstmordversuchen. Mit im Raum sitzt außerdem ein Dolmetscher.

Taras kommt herein: ein Mann um die fünfzig, mit eiskalten Augen, die an einen Husky erinnern. Mit eingefallenem Gesicht. Er ist ein Nervenbündel. Dürr. Hautenge Jeans und knappes T-Shirt. Am linken Vorderarm einen auffälligen Verband, dessen Ränder er immer wieder berührt, als wolle er wortlos, aber nachdrücklich auf seinen letzten Selbstmordversuch hinweisen.

Er legt sofort los; erzählt von Tod, Entführung, Booten, Taliban, Messern, Nötigung. Von einer Falle und Richtern, die ihn nicht anhören wollen, von einer Riesenungerechtigkeit. Wie ein reißender Fluss speit er Wörter aus, die der Dolmetscher, mühsam hinterherhinkend, für uns übersetzt und die, sich überschlagend, vermutlich noch konfuser sind als das, was übersetzt bei uns ankommt.

Wir bitten ihn, uns vom Tag seiner Verhaftung zu erzählen. Er wird wütend und gibt uns zu verstehen, dass er die Regeln bestimmt. Seine Verhaftung sei nur das Ergebnis. Die Folge. Doch wenn wir die Ursache nicht verstehen, könnten wir ihm nicht gerecht werden. Und wenigstens heute will er Gerechtigkeit. Wenigstens von uns, nur deshalb redet er überhaupt.

»Macht mit ihm, was ihr wollt«

Erst mal will ich erklären, wie ich überhaupt in diese furchtbare Sache reingeraten bin. In der Ukraine gibt es keine Arbeit, ich fand nicht mal einen einzigen kleinen Job. Ich bin Kapitän, Skipper. Ich habe ein Kapitänspatent für Schiffe bis dreißig Meter Länge. Um in meinem Beruf zu arbeiten, habe ich dann übers Internet gesucht. Ich habe eine Anzeige aufgegeben und bekam eine Anfrage von einem Typen, der das Hab und Gut seiner Familie übers Meer transportieren musste. Sie zogen von Albanien nach Griechenland um. Ich flog also von der Ukraine nach Tirana – das Ticket hat er bezahlt. Ich traf ihn dann da, und er hat mir gezeigt, was ich transportieren sollte: Schränke, Tische, Umzugskartons und so weiter. Wir haben alles aufs Boot geladen und sind in See gestochen.

Ohne Visum durfte ich nicht in Griechenland bleiben, ich musste sofort zurück. Als wir angekommen waren, bot mir der Schiffseigentümer an, in seinem Haus zu übernachten. Aber dazu hätte ich an Land gehen müssen, also lehnte ich ab, ich wollte keinen Ärger. Wenn mich jemand angehalten hätte, hätte ich nämlich ein Problem gehabt. Darum wollte ich auf dem Boot schlafen, am nächsten Morgen sollte er mir mein Geld für den Job bringen, und dann wollten wir zusammen aufs Amt und eine Aufenthaltserlaubnis für mich beantragen, damit ich zum Flughafen konnte. Von da wollte ich nach Hause, in die Ukraine. Aber alles kam anders.

Ich schlief an Bord vielleicht gerade mal 'ne Stunde. Da wurde ich aus dem Schlaf gerissen, durch Schläge. Leute prügelten auf mich ein. Während ich versuchte, mich mit den Armen zu schützen, sah ich, dass es fünf oder sechs Personen waren, die mich mit Schlägen und Fußtritten malträtierten. Sie sprachen, glaube ich, arabisch, sie schlugen wie wild auf mich ein. Ich wusste überhaupt nicht, was los war, sie fragten mich irgendetwas, was ich nicht verstand. Sie wollten wissen, welche Sprache ich sprach. *»Do you speak English?« »Sprechen Sie Deutsch?«* Ich antwortete auf Russisch. Einige von denen sprachen Russisch und sagten, ich solle das Schiff steuern und tun, was sie mir sagen. Ich versuchte, ihnen verständlich zu machen, dass das Boot nicht mir gehörte, dass sie mit dem Eigentümer reden müssten, dass ich nur meinen Job gemacht habe und sofort in die Ukraine zurückmuss. Ich schrie so laut, wie ich konnte, aber sie hörten einfach nicht zu und prügelten weiter auf mich ein. Ich sah, dass jede Menge Leute an Bord gingen. Ein, zwei, drei, vier, fünf ... schließlich waren es sechsundsechzig. Vermutlich Pakistani, Afghanen oder Singhalesen. Sie quetschten sich alle in das fünfzehn Meter lange Boot, das nur einen kleinen Motor hatte und höchstens für acht Personen gedacht war.

Vielleicht hatten sie mit einem voll beladenen Flüchtlingsboot beigelegt, das die Überfahrt von der griechischen Küste nach Italien nicht mehr schaffte.

Ich sollte aufs Meer hinausfahren. Ich versuchte, ihnen klarzumachen, dass ich nicht einmal wusste, ob wir genug Treibstoff hatten. Wir waren gerade erst aus Albanien gekommen und hatten noch nicht nachgefüllt, sagte ich, das würde für alle in einer Katastrophe enden. Aber sie hörten nicht auf mich, sie drohten, mich zu erstechen, sie hielten mir ein Messer an die Kehle. Sie zwangen mich, den Motor anzulassen und loszufahren. »Mach, dass du vorwärtskommst«, schrien sie. »Wohin vorwärts? Vorwärts, da ist Afrika«, sagte ich. Da nahmen sie die Karte und zeigten auf den italienischen Absatz: Salento. »Dahin. Dahin«, befahlen sie. Sie sagten, sie wären Taliban, und die Taliban hätte keine Skrupel. Sie wären das Morden gewöhnt. Und zu allem bereit. Ob sie jemandem den Finger oder gleich die Kehle durchschneiden, das wäre ihnen egal. Es blieb mir nichts anderes übrig, als loszufahren. Sie zwangen mich dazu.

Es waren mehr Entführer, als ich dachte. Das merkte ich, als sie sich unterhielten. Es waren zehn, elf Leute.

Von Griechenland bis zur italienischen Küste brauchten wir sechzig Stunden, und es gab nichts zu essen. Ich rauchte und trank Kaffee, um nicht einzunicken. Drei Tage lang hab ich kein Auge zugemacht. Während der Überfahrt habe ich sie immer wieder gebeten, mich freizulassen, gesagt, dass ich nach Hause will, dass ich eine Frau, zwei Kinder und alte Eltern habe.

Sie unterhielten sich über mich, sie steckten die Köpfe zusammen, und ich hab gemerkt, dass sie über schreckliche Dinge sprachen. Sie überlegten, ob sie mich umbringen sollten und wann. Wahrscheinlich wollten sie warten, bis wir an der italienischen Küste waren, und mich dann abmurksen. Da habe ich die Seekarte zerrissen, damit sie mich weiter brauchen, ich wollte nicht sterben. Aber als sie einen Schnipsel am Boden fanden, sind sie ausgerastet. »Bringen wir ihn endlich um!«, sagte einer. »Macht mit ihm, was ihr wollt, aber erst, wenn wir die Küste erreicht haben«, hat der Chef wahrscheinlich darauf geantwortet. Das habe ich an seinem Ton, an seiner Gestik kapiert. Die, die Russisch sprachen, haben manchmal auch ein bisschen übersetzt.

Als der Treibstoff alle war, waren wir noch fünf Seemeilen von der Küste entfernt. An Bord gab es ein Schlauchboot, das haben sie zu Wasser gelassen. »Nimm deine Sachen und steig ein«, befahlen sie. Aber nicht nur ich, auch drei von denen stiegen ins Boot, dabei bedrohten sie mich weiter mit dem Messer. Da hab ich kapiert, dass sie mich umbringen und ins Meer werfen wollten und dann aufs Schiff zurück. Wir fuhren ungefähr zwei Seemeilen weit.

Plötzlich sahen wir, wie sich die Küstenwache näherte, und das war meine Rettung. Als sie die Polizei sahen, schmissen sie ihre Messer ins Wasser. Die sind natürlich spurlos verschwunden. An der Küste wartete schon die Polizei und nahm uns alle vier fest. Dann haben sie noch die anderen vom Segelboot geholt.

Als sie mich festnahmen, habe ich ein Gespräch mit den zuständigen Behörden unter Anwesenheit der Richter beantragt. Ich wollte eine Gegenüberstellung, ich wollte erklären, was passiert war, aber sie lehnten ab. Niemand hat sich um mich gekümmert. Der Anwalt erschien sogar ohne Dolmetscher.

Diese Leute haben mich beschuldigt und behauptet, ich hätte von jedem Flüchtling auf dem Boot 2000 bis 3000 Euro bekommen. Obwohl ich, als sie mich festnahmen, gerade mal 1000 Euro und ein paar ukrainische Münzen dabeihatte. Sonst nichts. Was mit meinen Entführern passiert ist, die mit mir im Schlauchboot waren, weiß ich nicht. Ich weiß nur, dass sie einen Dolmetscher hatten und mehr Unterstützung als ich; sie durften mit ihrer Botschaft reden. Ich habe ebenfalls darum gebeten, bekam aber keine Antwort. Ich habe nach Straßburg geschrieben, wieder nichts. Mein Anwalt war auch keine wirkliche Hilfe. Ich wollte eine Gegenüberstellung mit diesen Leuten vor Gericht, damit man die Tatsachen – meine Geschichte und die Erklärungen, die ich abgegeben habe – bestätigen konnte, aber das interessierte keinen. Das wollte keiner, keiner wollte die Wahrheit hören. Ich bestand darauf, dass sie die anderen Passagiere befragen, die ja alles bestätigen und auch bezeugen konnten, dass man mich mit Prügeln dazu gezwungen hat. Warum hat mich keiner angehört? Niemand hat mir Geld gegeben, das stimmt nicht. Wo hätte ich es denn wohl hingetan? Vielleicht weggeschmissen? Oder runtergeschluckt? Ich habe von niemandem Geld gekriegt. Das sind nichts als Lügengeschichten.

Die Terroristenschmuggler

Taras ist das reinste Nervenbündel; wenn er redet, zappelt er herum. Wir sitzen ihm reglos gegenüber. Als er mit seiner Geschichte fertig ist, bringt man ihn zurück in die Zelle, und wir denken über das nach, was er uns erzählt hat. Wie andere Häftlinge auch spricht er sich von jeder Schuld frei. Aber es steht uns nicht zu, über Taras' Schuld oder Unschuld zu befinden, wir haben ihm nur zugehört und seine Geschichte wiedergegeben. Sie widerspricht allerdings dem Gerichtsurteil, das in erster Instanz gefällt und rechtskräftig wurde: fünf Jahre Haft wegen Erleichterung illegaler Einwanderung. Nach Taras' Ansicht hat sich der Prozess aber nur an Äußerlichkeiten gehalten und die eigentlichen Hintergründe nicht erforscht.

Wir werden die Wahrheit wohl nie erfahren, fest steht aber, dass Geheimdienste und Polizeibehörden in vielen Gegenden der Welt schon seit Mitte des letzten Jahrzehnts beobachten, dass internationale Terrororganisationen immer häufiger mit Schleuserringen in Kontakt stehen. Terrorgruppierungen haben in den letzten Jahren gigantische Summen mit dem Menschenschmuggel verdient. Zudem haben sie auf Schleuser und ihre Dienstleistungen zurückgegriffen, um Terroristen in westliche Staaten einzuschleusen oder Waffen zu schmuggeln.

Taras bezeichnet sie als »Taliban« und sagt, sie hätten sich so genannt. Eine bewaffnete Gruppe, die eine Schleuseraktion entschlossen zu Ende geführt hat. Wir werden nie erfahren, ob Taras die Geisel von afghanischen Taliban oder irgendeiner extremistischen Zelle war. Wir werden nie erfahren, ob Taras die Ermittler durch die Erwähnung der »Taliban« verwirren und verunsichern wollte und ob er das Schreckgespenst Taliban und al-Qaida nur bemühte, um seine Haut zu retten. Aber eines steht fest: Die Welt der Schleuser und die der extremistischen Organisationen ist nicht weit voneinander entfernt.

Der Bericht des Nationalen Untersuchungsausschusses zu den Terrorangriffen gegen die Vereinigten Staaten (National Commission on Terrorist Attacks Upon the United States), der sogenannte 9/11 Commission Report, hat bereits 2004 vor der Verbindung zwischen Schleusern und globalem Terrorismus gewarnt. Er wies unter anderem darauf hin, dass zahlreiche Terroristen – die mehr als einem Dutzend unterschiedlicher extremistischer Gruppierungen zuzurechnen sind – bei ihren internationalen Reisen auf die Hilfe von Schleusern zurückgegriffen hätten. Insbesondere die CIA forderte damals, der Verbindung zwischen Schleusern und terroristischen Gruppierungen wie Hamas, Hisbollah oder dem Dschihad in Ägypten mehr Aufmerksamkeit zu schenken. In dem Bericht heißt es außerdem, dass »die Schleuser dank ihrer globalen Verzweigung und ihren Kontakten zu Herstellern und Verkäufern von gefälschten Dokumenten sowie zu korrupten Beamten über alle notwendigen ›Beglaubigungen‹ verfügen, um Terroristen bei ihren Reisen zu helfen. [...] Diese Kontakte – zu denen noch die mangelnden Sicherheits- und Grenzkontrollen in vielen Ländern kommen – machen die Schleuserringe für Terroristen attraktiv, wenn sie bei Reisen auf Unterstützung angewiesen sind. Nach den Terrorangriffen vom 11. September konnte der Zusammenhang zwischen al-Qaida und Schleusern wiederholt belegt werden. Nach dem Kampf der US-Alliierten um Tora Bora verhalfen Schleuser den Talibankämpfern zur Flucht aus Afghanistan und Pakistan. Im Januar 2001 unterstützten Schleuser in Taftan, Pakistan, ungefähr vierhundert Kämpfer, die so in den Iran entkommen konnten. Weitere unbestätigte Polizeiberichte legen zudem nahe, dass Verbündete von Al-Qaida 2002 mithilfe von lateinamerikanischen Schleusern durch die Region reisten, um dann in die USA zu gelangen.«

Ansar al-Islam, eine Tochterzelle von al-Qaida, die in die Anschläge vom 11. März 2004 in Madrid verwickelt war, ist ein konkretes Beispiel dafür, wie sich Terrorismus und Schleuserwesen überlagern. Die Gruppierung verdiente nicht nur gigantische Summen mit raffinierten Passfälschungen, die sie für Schleuserzwecke in Europa verkaufte, sondern nutzte ihre Kenntnisse auch, um Mitglieder der Gruppe in Länder einzuschleusen, in denen sie Selbstmordattentate verüben sollten, etwa in Spanien oder im Irak.

Erst kürzlich hat auch der kanadische Geheimdienst betont, dass sich unter den Flüchtlingen Terroristen befänden. Im Bericht des Ministeriums für Öffentliche Sicherheit von 2013, »Die terroristische Bedrohung in Kanada«, heißt es: »Kanada ist [...] besorgt, weil ausländische Terroristen versuchen, ins Land einzudringen. Die Regierung hat zwar 2012 Maßnahmen zur Eindämmung der illegalen Einwanderung ergriffen, dennoch bleibt unser Land Ziel zahlreicher Schleuseraktivitäten, mit deren Hilfe auch bekannte Terroristen versuchen, unter Vorspiegelung falscher Tatsachen nach Kanada einzureisen.«

Und auch die Internationale Organisation für Migration warnt in ihrem Bericht eindringlich vor einer steigenden und zunehmend konkreten Gefahr für die nationale Sicherheit, weil terroristische Organisationen inzwischen Schleuserringe nutzen würden: »Je zuverlässiger Geheimdienstkontrollen und fälschungssichere Visa verhindern, dass Terroristen mit gültigen Visa legal einreisen können, umso eher werden Terroristen versuchen, die Grenzen mithilfe von Schleuserringen heimlich zu überwinden. Zur Gewährleistung der Sicherheit wird daher eine internationale Kooperation zur Bekämpfung von Schleuserringen um so dringlicher.«

Im Juli 2012 berichtete »The Australian« zudem über einen geheimen Krieg, den der australische Geheimdienst ASIS (Australian Secret Intelligence Service) gegen Schleuserringe führe. Demnach schickt der Geheimdienst kleine Teams in verschiedene abgelegene Gegenden in Pakistan, um dort gemeinsam mit den lokalen Behörden die Schleuserbanden zu zerschlagen, die Flüchtlinge und Asylbewerber nach Australien schmuggeln. ASIS bekämpft normalerweise terroristische Aktivitäten. Dass der Geheimdienst seine Ressourcen nun im Kampf gegen Schleuserringe einsetzt, belegt klar und deutlich, wie wichtig diese für terroristische Organisationen geworden sind.

Kurz und gut: Selbst wenn die Geschichte von Taras nicht wahr ist, so ist sie doch zumindest wahrscheinlich.

EPILOG

Kleine Fische …

Nach der Tragödie vor Lampedusa vom 3. Oktober 2013 lässt sich in den italienischen Medien erstmals – obwohl sie schon seit Jahren über die illegale Einwanderung berichten – eine gewisse Sensibilität für die andere Seite der illegalen Einwanderung erkennen. Plötzlich schreibt man darüber, wer die Einreise organisiert: über die Schleuser. Man stellt völlig neue Fragen und versucht, mit den Leute vor Ort zu reden, sogar mit Leuten an der libyschen Küste. Wochenlang geistert das Schlagwort vom »Schleuser« durch die Medien. In endlosen Berichten, aus denen allerdings vor allem Heuchelei und Sensationsgier sprechen, wird der Schleuser zum Inbegriff des Bösen. Er ist der ausgemachte Schuldige. Wenn wir den Schleuser kriegen, dann ist das Problem gelöst. Dann können wir jenen anderen endlich Gerechtigkeit widerfahren lassen: den Toten, den Ertrunkenen, den Vermissten, jenen, die wissentlich und trotz aller Risiken für eine Dienstleistung zahlten, jenen, die sich ahnungslos verschuldeten, jenen, die alles aufs Spiel setzten, ohne zu wissen, auf was sie sich einließen, und jenen, die keine Wahl hatten. Also eigentlich allen.

Wie der Küstenzoll von Reggio Calabria berichtet, werden

bei einem groß angelegten Polizeieinsatz in der Nacht vom 14. auf den 15. Oktober 2013 siebzehn vermutlich ägyptische Schleuser in internationalen Gewässern gefasst. Sie befinden sich an Bord eines »Mutterschiffs«, also eines großen Schiffs, das ein kleineres, völlig überfülltes Flüchtlingsboot im Schlepptau führt, um es dann in der Nähe der italienischen Küste »auszuklinken«. Die Schleuser an Bord des Mutterschiffes haben soeben ein bescheidenes Boot mit 226 Flüchtlingen vom Haken gelassen, das Kurs auf die Küste von Crotone nimmt. Sie werden geschnappt, die Flüchtlinge gerettet. Scheinbar also ein gelungener Schlag gegen die Schleuser.

Doch ähnliche Einsätze gibt es viele, und bisher konnte keiner den Schleuserringen einen entscheidenden Schlag versetzen. Immer wieder schnappt man nur die kleinen Fische, die Männer, die in den Hotspots leben und arbeiten und das eigentliche Risiko auf sich nehmen. Anders die großen Schleuser, die Schleuserbosse: Sie geraten nur selten ins Visier der Polizei, und verhaftet man sie einmal doch, kommen sie oft mit geringen Strafen davon. Der Skipper, das Faktotum auf mittlerer Ebene, der Assistent oder Handlanger: Sie laufen wesentlich stärker Gefahr, für lange Jahre hinter Gittern zu landen. Die großen Fische, die Organisatoren stellen die Nachhut oder den sicheren Vorposten: Sie sitzen, beschützt von der schleppenden Bürokratie der internationalen Justiz, hinter zig Grenzen, die ihre Netzwerke ebenso meisterhaft wie still und heimlich überwinden. Wenn man bis zum Kopf des Netzwerks vordringen will, muss man über Grenzen und Länder hinweg ermitteln. Dann müssen Polizisten und Justiz rund um den Globus Informationen austauschen und sich abstimmen. Hinzu kommt, dass solche Straftaten in den Durchgangs- und Herkunftsstaaten der Flüchtlinge nicht immer mit einem angemessenen Strafmaß belegt sind. Und selbst wenn, kann es gut sein, dass der Kampf gegen Schleuser in dem einen oder anderen Land nicht unbedingt höchste Priorität genießt.

Filippo Spiezia ist heute Staatsanwalt bei der nationalen Direktion zur Bekämpfung der Mafia. Zuvor war er jedoch bei der EU-Agentur Eurojust für die Koordination von juristischen Ermittlungen im Bereich internationale organisierte Kriminalität zuständig. Er hat sich lange und vielfach in Schleuserfällen mit der internationalen Zusammenarbeit in der Justiz beschäftigt. »Das Interesse an einer Zusammenarbeit und der Wille dazu sind nicht in allen Ländern gleich stark ausgeprägt«, erklärt er. »In den Ankunftsländern ist das Interesse groß, in den Herkunfts- und Durchgangsländern eher gering. Noch dazu verfügen nicht alle Polizei- und Justizbehörden über dieselben Möglichkeiten. Eine Teamarbeit ist sehr kompliziert, wenn die Teammitglieder aus so weit entfernten Ländern kommen.«

Eigentlich ist es Aufgabe von Eurojust, bei internationalen Fällen die Zusammenarbeit von Staatsanwaltschaften verschiedener Länder zu koordinieren. Doch es fehlt immer noch an Datenbanken, die die Ermittlungsergebnisse der verschiedenen Länder abgleichen und zusammenführen. Darum bleibt der Dialog zwischen Staaten letztendlich dem guten Willen und Engagement von Einzelnen, und manchmal einfach Glück und Zufall überlassen. Die Grenzen der Zusammenarbeit sind also eng gesteckt.

Als Josip Lončarić abtritt, weiß er sehr genau um diese eng gesteckten Grenzen und macht sie sich zunutze. Es ist um die Jahrtausendwende. Er verlässt die Bühne also just in der Zeit, als der um einige Jahre jüngere Muammer Küçük sie gerade betritt: der unumstrittene Boss der illegalen Mittelmeerüberfahrten. Wir haben ihn durch Erzählungen eines Mitarbeiters seiner Organisation näher kennengelernt. Die Geschichte des »kleinen großen Türken« verdeutlicht ein weiteres Mal, wie schwierig es ist, professionellen Schleusern Einhalt zu gebieten, und wie schwer Polizei und Staatsanwaltschaft eingreifen können: Die Küstenwache muss quasi Gaunern hinterherschwimmen, die im Motorboot flüchten. Wie bei Lončarić auch, gelingt es Polizei und Justiz nicht, den Aufstieg von Küçük zu stoppen, obwohl es mehrfach Gelegenheit dazu gegeben hätte.

Muammer Küçük kommt im Januar 1997 mit einem Flüchtlingsboot in Italien an. Er wird zusammen mit hundertfünfzig Flüchtlingen vor der apulischen Küste vorm Ertrinken gerettet. Küçük, der Besatzungsmitglied ist, landet im Gefängnis. Drei Monate später lässt man ihn frei und weist ihn aus. Die erste vergebene Chance: Zu diesem Zeitpunkt hätte man den türkischen Schleuser noch aufhalten können. Hätten die Behörden damals geahnt, wie mächtig der junge kleine Türke einmal werden würde, hätten sie ihn wohl nicht so leicht gehen lassen.

Küçük kehrt in die Türkei zurück und organisiert nun Überfahrten, bei denen er persönlich nichts mehr riskiert. Er hat seine Lektion begriffen. Aus Fehlern kann man nur lernen, und was einen nicht umbringt, macht einen stark. Im Juli 2000 gibt

Ali Mazhar Kir, Skipper eines Flüchtlingsboots, das an der Küste von Crotone gelandet ist, zu Protokoll, wie er genau von diesem Küçük angeworben wurde: »Ich musste die Türkei mit anderen meiner Glaubensbrüder verlassen. Darum habe ich mich an Muammer Küçük gewandt. Aber ich konnte mir die Reise nach Europa nicht leisten. Ich hatte kein Geld. Küçük schlug mir daraufhin vor, mindestens ein Jahr lang für seine Organisation zu arbeiten, bis ich das Geld zusammenhätte.« Kir nimmt das Angebot an und macht mehrere Überfahrten. Er wird verhaftet und arbeitet schließlich mit den Richtern in Crotone zusammen. Er enthüllt die »besten« Tricks seines türkischen Chefs. Küçük gewinnt Marktanteile, weil er sich an die Nachfrage anpasst und das Geld erst bei Ankunft verlangt. Er stattet seine Crews mit Karten und Handys aus. Er verfügt über Kontaktleute in Italien, die die anlegenden Schiffe von Land aus dirigieren und die Flüchtlinge betreuen, damit sie ihre endgültigen Zielorte leichter erreichen. Aufgrund von Kirs Aussagen wird Muammer Küçük 2002 in Izmir festgenommen. Die Ermittlungen dauern ein Jahr und werden von der türkischen Polizei, den Behörden in Crotone und Reggio Calabria und Interpol gemeinsam geführt. Offiziell verkauft der türkische und wichtigste Schleuser Handys. Er hat zwei Ehefrauen: Ebenso wie Lončarić hat er eine Schwäche für Frauen. Er besitzt zwei Häuser, eines in Istanbul, ein anderes in Izmir, aber sein Reichtum fällt nicht auf, weil er ihn nicht zur Schau stellt. Nach drei Monaten wird er freigesprochen. Man muss eben gute Anwälte haben. Auch sind die türkischen Gesetze noch nicht besonders streng; zudem wurde Küçük verhaftet, noch ehe das Boot in See gestochen war. Es liegt folglich kein Straftatbestand vor; unlautere Absichten kann man nicht bestrafen. Küçük ist also wieder auf freiem Fuß und kann in Ruhe seinen Geschäften nachgehen. Die zweite vergebene Chance: Auch diesmal hätte man den Schleuser noch aufhalten können – allerdings stellten sich die Behörden noch etwas ungeschickter an.

Der »kleine große Türke« kann sich also ungestört zum Chef eines Schleuserrings hocharbeiten, der den Menschenschmuggel über den Bosporus kontrolliert. Sein Unternehmen wächst sich zu dem kriminellen Imperium aus, von dem Ohran uns berichtet hat: zu einer Firma mit Millionenumsätzen, zu einem gut geölten Räderwerk mit perfekten Kontakten zu Unternehmen, Politik und Polizei. Vom Schleuserhandwerk haben nämlich wirklich viele etwas.

Und es ist eben dieser Muammer Küçük, der in den Anfangsjahren des neuen Jahrtausends den Trick mit den Segelbooten ersinnt, von dem die ersten Seiten unseres Buches erzählen: die Jachten, auf denen sich Afghanen, Bangladeschi, Iraker, Pakistani und Palästinenser dutzendweise unter Deck verstecken. Allein 2010 kommen Küçük zweiundfünfzig Segelboote in der Straße von Otranto und fünfundzwanzig vor der kalabrischen Küste um Riace abhanden – und wer weiß wie viele andere erreichen natürlich ungehindert ihr Ziel. Doch irgendwann fangen seine Skipper, die die Zeche ganz allein zahlen müssen, an zu plaudern. Sie nennen dem Gericht in Lecce Orte, Namen, Adressen, Handynummern. Cataldo Motta, Leiter der Staatsanwaltschaft in Lecce, ruft eine Ermittlungsgruppe ins Leben. Jetzt kann Küçük nicht mehr entwischen. Italienische und türkische Ermittler arbeiten zusammen: Ihr gemeinsamer Einsatz führt schließlich zu Küçüks Verhaftung. Im

Mai 2011 schnappen die Handschellen nicht nur für ihn, sondern auch für einen Kandidaten der türkischen Demokratischen Partei und einen Pharmaunternehmer zu. Vielleicht klappt es ja diesmal. Die Strafgesetze für Menschenschmuggel wurden schließlich auch in der Türkei verschärft. Vielleicht verlässt der Schmugglerkönig die Bühne doch noch auf diesem Wege. Es sieht ganz danach aus, dass Küçük sein Geschäft aufgeben und hinter Gitter muss. Aber keiner von den italienischen Ermittlern, die seinen Fall verfolgt haben, weiß, ob er auch wirklich verurteilt wurde. Es gibt keine zuverlässige Quelle, die darüber Auskunft geben könnte, wo er sich derzeit aufhält. Möglicherweise hat auch er sich einfach in Luft aufgelöst und taucht eines Tages wieder auf. Doch vielleicht neigt sich auch seine kriminelle Karriere dem Ende zu. Weil die Karriere eines jeden Schleusers, sei er klein oder groß, irgendwann ihren Anfang nimmt, sich dann entwickelt und eines Tages, wie alles andere, endet – allerdings nicht unbedingt hinter Gittern.

Die Verhaftung von Küçük zeigt, wie wichtig die Zusammenarbeit der betroffenen Staaten ist. Hätten Italien und die Türkei nicht so gut kooperiert, wäre vermutlich nicht er, sondern nur noch ein weiterer kleiner Fisch ins Netz gegangen. Doch solche Synergien sind, wie Filippo Spiezia feststellt, leider immer noch die Ausnahme. Und selbst wenn die Zusammenarbeit klappt, kann noch ein Gerichtsprozess die Arbeit der Ermittler zunichte machen.

Inzwischen ist längst ein neuer Schleuserboss in Lončarićs und Küçüks Fußstapfen getreten. Einer, der sich die beiden zum Vorbild genommen hat, der von ihnen gelernt, ihr Vorgehen analysiert, ihre kriminellen Techniken nachgeahmt und noch verbessert hat. Irgendwo, im Verborgenen, arbeitet er schon: Er organisiert neue Reisen und entwickelt neue Strategien, um die europäischen Grenzen zu überwinden. Er macht schon Millionenumsätze, und sein Imperium wächst. Er schmiert schon neue Polizeibeamte überall in der Welt, schmiedet neue Allianzen, entwickelt neue Möglichkeiten und neue Routen – den Kontrollen, Patrouillen, Schutzmauern, Sicherheitszäunen, Wärmekameras und Küstenwachen zum Trotz. Und seine Kunden, die Flüchtlinge, reisen längst – zu Dutzenden, Hunderten, Tausenden – illegal nach Europa ein, auch in diesem Moment, während Sie gerade die letzte Seite dieses Buches lesen. Doch er, der Mister X, ist eine konkrete Person. Er hat ein Gesicht, einen Namen, einen Spitznamen, vielleicht sogar eine Ermittlungsakte irgendwo auf dem Schreibtisch eines ermittelnden Staatsanwalts, der sich gerade auf eine weite Reise begibt. Aber er ist immer noch flüchtig – und er ist raffiniert. Denn er ist gleichzeitig ein Niemand, weil Polizei und Staatsanwaltschaft in vielen Fällen nicht einmal wissen, dass es ihn gibt. Und er steht für Hunderttausende, weil er die kriminellen Fähigkeiten all jener besitzt, die wir auf unserer Reise getroffen haben.

Danksagung

Unser herzlicher Dank geht an alle, die uns in den letzten zweieinhalb Jahren bei unserer Reise mit Rat und Tat zur Seite standen.

Wir danken allen, die uns an vielen Orten der Welt die Geschichte ihrer kriminellen Vergangenheit oder Gegenwart anvertrauten.

Wir danken allen Flüchtlingen, die uns ihre Geschichte erzählten und mit denen wir einen Teil ihres Lebens, ihren Schmerz und ihre Hoffnung teilen durften. Wir danken allen StaatsanwältInnen und PolizistInnen, die uns bei unseren Nachforschungen und Enthüllungen unterstützten, unter anderem Guglielmo Cataldi, Cataldo Motta, Filippo Spiezia, Antonella Chiapparelli, Paolo Patrizi und Giuseppina Petecca.

Wir haben beinahe alle Mitwirkenden in unserem Buch zitiert, doch einige durften wir, auch wenn wir es gern getan hätten, nicht nennen, weil wir unsere Quellen schützen mussten. Ihnen gilt unser besonderer Dank.

Wir danken der italienischen Gefängnisverwaltungsbehörde für ihre Hilfe und Unterstützung.

Wir danken Alessandro Zardetto, ohne den diese Bekenntnisse nicht das wären, was sie sind, und Alessandra Scaglioni, die einen Journalisten und einen Kriminologen noch vor Beginn dieser Reise zusammengebracht hat.

Wir danken der Universität Trient, weil sie Andrea ermöglicht hat, seiner Passion nachzugehen: der Forschung und Lehre zu kriminellen Phänomen. Von dieser Arbeit hat das Buch profitiert.

Wir danken Annalisa und Barbara, die uns stets ermutigt und auch diese Reise mit großer Geduld begleitet haben.